TRAUMAUTOS

Ingo Seiff

TRAUMAUTOS

DIE GROSSEN MARKEN
DIE SCHÖNSTEN MODELLE

NAUMANN & GÖBEL

Traumautos

© Naumann & Göbel Verlagsgesellschaft mbH in der
VEMAG Verlags- und Medien Aktiengesellschaft, Köln
Autor: Ingo Seiff
Cover und Layout: Wirtz, Cologne
Gesamtherstellung: Naumann & Göbel Verlagsgesellschaft, Köln
ISBN 3-625-10750-3

Was ist ein Traumauto?

In der technikbeladenen Sprache rund ums Auto ist für sentimentale Gefühle kein Platz. Begriffe wie Nockenwelle, 16-Ventiler, Drehmoment, Newtonmeter, Drittelmix, Einspritzmotor, Überholprestige, Beschleunigung, Powerslide haben nichts mit Träumen zu tun. Wir wissen aber auch, daß seit über 100 Jahren das Auto die Phantasie der Menschen beflügelt. Es hat die Lebensqualität verändert und verbessert, und die Mobilität hat eine neue Dimension bekommen. Im Laufe der Zeit wuchs das Auto auch in die Rolle eines Statussymbols hinein. Es wurde Gegenstand von Wunschträumen, ein begehrenswertes Objekt, in dem sich die erworbene Lebensqualität widerspiegelt. Doch der Begriff »Traumauto« hat auch viel mit dem gern zitierten Zeitgeist zu tun. Die Kriterien, mit denen man einen Traumwagen definiert, unterliegen auch den Zeitläufen. Für uns Halbstarke war kurz nach Ende des Zweiten Weltkriegs der MG TC Midget, mit dem der britische Colonel durch unser Städtchen rollte, unser erster Traumwagen. Dann wurde es der Mercedes-Benz 300 SL, unerschwinglich für den kleinen Mann auf der Straße, oder der 190 SL von 1955. Nach den ersten Elvis-Presley-Filmen schlug die Stimmung um: Da träumten wir von einem Cadillac Eldorado, möglichst noch pinkfarben, wie ihn Elvis Presley pilotierte. Von ganz anderem Zuschnitt war ein Traumwagen, den wir in französischen Krimis entdeckten, den Citroën Traction Avant, auch »Gangsterauto« genannt. Wir träumten davon, wie toll es sein müßte, mit ihm und unserem Girlfriend wild durch die Kurven zu brettern, ohne daß der Wagen umkippte.

Zur Verblüffung der Auto-Machos wagten sich 1957 auch Frauen mit ihren Auto-Wunschträumen vor. Es war das Borgward Isabella Coupé, das sie zu ihrem Traumwagen erkoren, weshalb die Autotester bald auch mäkelig von einem »Damenauto« sprachen. Im Jahr 1965 begann dann die Karriere eines wahren Prototyps von Traumwagen, des Porsche 911. Bis heute können sich seine Nachfolgemodelle, wie der 911 Turbo, mit diesem Ehrentitel schmücken.

Aus Enzo Ferraris Auto-Edelschmiede kamen vor allem in den sechziger Jahren vierrädrige Schönheiten, wie der 250 GTO von 1962 oder der 330 America von 1963 – stellvertretend für eine Reihe italienischer Prachtautos, die zu sehnsuchtsvollen Träumen einluden, ohne daß diese jemals Wirklichkeit wurden. Und dann gibt es da jene Traumwagen, in denen sich die Wünsche, Absichten und Erfolge ihrer Konstrukteure widerspiegeln, wie im NSU RO 80 mit dem Kreiskolbenmotor von Felix Wankel. Oder im Tucker, dem amerikanischen Future-Auto von 1948.

An aktuellen Autos werden zur Zeit BMW Z 3, der Porsche Boxster oder der Mercedes-Benz SLK mit dem Prädikat »Traumwagen« bedacht – doch die Kriterien für diesen Adelstitel unterliegen einem ständigen Wertewandel.

So ist dieses Buch eine ganz persönliche Auslegung des Begriffs »Traumauto« geworden. Es stellt neben den klassischen Vertretern dieser Gattung eine Reihe von Modellen vor, die in der internationalen Produkthierarchie etwas Besonderes, Richtungsweisendes und Herausragendes darstellen.

Ingo Seiff

Inhalt

AC-Cobra 8
Ein Auto wie ein wildes Tier

Alfa Romeo 10
Geformt von einem großen Meister

Alpine 16
Renault und die Renner aus Dieppe

Aston Martin 17
Nun endlich in sicherem Hafen

Austin Healey 3000 25
Ein Wagen für »harte Jungs«

Auto Union 26
Vom Thunderbird inspiriert

Bentley 27
Sportlicher Bruder des großen Stars

BMW 32
Beharrlich und clever nach oben

Borgward 42
Der Renner einer Epoche

Cadillac 44
Aus Gottes eigenem Land

Chrysler 50
Wild, brutal, spartanisch

Citroën 53
Wechselbäder einer großen Marke

Chevrolet Corvette 56
Das Power-Auto Amerikas

Delahaye 60
Vom häßlichen Entlein zum schönen Schwan

De Tomaso 61
Ein Auto, das nicht unterging

Ferrari 62
Wovon Männer träumen

Ford 72
Donnervögel und wilde Pferde

Frazer-Nash 79
Eine britisch-bayerische Kooperation

Isdera 80
Das Auto als Maßanfertigung

Iso 82
Gran Turismo der kraftvollen Art

Jaguar 83
Ein adliger Sportler

Lagonda 93
Der Traumwagen mit dem schlechten Ruf

Lamborghini 94
Der alte Geist lebt weiter

Lancia 99
Der blaublütige Italiener

Lotus 103
Mit dem guten Ruf von gestern
und dem Flair von heute

Maserati 107
Der bescheidene Blender

McLaren 115
Wie von einer Sprengladung abgefeuert

Mercedes-Benz 116
Ein Himmel voller Sterne

MG 126
Der Brite mit dem sportlichen Biß

NSU RO 80 128
Die nicht geglückte Revolution
des Automobils

Packard 130
Standard of America

Plymouth 131
Ein konservativer Amerikaner
im neuen Gewand

Pontiac 132
Der Sportler im Konzern

Porsche 134
Eine fahrende Legende

Rinspeed 146
Mehr als nur eine Kopie

Rolls-Royce 147
Wie der Rolls zum Royce kam

Salmson 157
Der Wagen für Luxus und Sport

Studebaker 158
Vom Untergang der Schönheit

Toyota 159
Sportliches aus dem fernen Osten

Triumph 160
Britische Klassik – britischer geht´s nicht

Tucker 162
Das Future-Auto eines Fantasten

TVR 163
Sturm und Drang aus Blackpool

Veritas 164
Aus Resten auferstanden

Volvo 165
Aus Vernunft geboren

Der Traum von Freiheit 168
Kurze Historie des Automobils

Zeittafel 188
Bildnachweis 192

AC Cobra
Ein Auto wie ein wildes Tier

Es hat in der über hundertjährigen Geschichte des Automobils immer wieder Marken gegeben, deren Schicksalsfäden nur schwer zu entwirren waren – und es auch heute noch sind. Dazu gehört sicherlich die englische Firma AC. 1908 gegründet, hat sie über die Jahrzehnte hinweg alle Höhen und Tiefen des Autogeschäfts erlebt. Mit einer Vielzahl von Typen hat sie alle Krisenzeiten zu meistern gewußt.

Es begann mit einem Dreirad-Lieferwagen und erreichte in den fünfziger Jahren individuelle, zum Teil bildschöne Sportwagen. Die Produktionsgrundlage bildete der Typ Ace, ein Sportzweisitzer von bestechender Form. Bei der Verwendung von Triebwerken gab es kein Tabu: Sie reichten vom eigenen 2-Liter-Sechszylinder bis zu Motoren der Firmen Ford und Bristol. Aber irgendwie krebste man im Souterrain der britischen Autoindustrie herum. Die AC-Besitzer, die Gebrüder Hurlock, suchten seit Ende der fünfziger Jahre nach einem Partner beziehungsweise einem Finanzier, der AC sanieren und reaktivieren könne. Eine Rettung brachte die Zusammenarbeit mit dem amerikanischen Rennfahrer und Sportwagenspezialisten Carroll Shelby, einem in unzähligen Rennschlachten gestählten Haudegen, der immer von einem Rennsportwagen träumte, der dem Gesetz »brutality at its best« gehorchte.

Shelby fand im leichten, aber verwindungssteifen Rohr-

8

rahmen des Ace eine ideale Grundlage für den zweisitzigen Sportwagen, der ihm vorschwebte. Den wollte er mit einem amerikanischen V8-Motor ausrüsten. Damit war die Idee des AC Cobra geboren, der diesseits und jenseits des Atlantiks in Sportfahrerkreisen zu einem festen Begriff wurde. Der erste Shelby AC Cobra wurde im Herbst 1962 mit einem 4,3-Liter-V8-Motor von Ford vorgestellt. Die ursprüngliche Leistung von 264 PS stieg im Verlauf zahlreicher Modifikationen über die Jahre hinweg bis auf schließlich 350 PS im Typ 428. Auf dem amerikanischen Markt sparte man sich das »AC« und nannte das Kraftpaket schlichtweg »Cobra«. Anfang 1965 folgte der AC Cobra II, jetzt auch mit 7-Liter-Maschine erhältlich. Auch das Karosserie-Angebot wurde vielfältiger, und auf dem sportlichen Sektor war der Cobra in ungezählten Sportwagen- und Grand-Prix-Rennen eine feste Größe. Im Archiv stößt man auf Berichte, die die enorme Begeisterung der Fachjournalisten bei Testfahrten der Cobras deutlich zum Ausdruck bringen: Da ist vom »brachialen Röhren des Achtzylinders« die Rede. »Die Muskeln verspannen sich von der schwergängigen und störrischen Lenkung, mit der das schwänzelnde Heck gezügelt werden muß.« »Cobra – das ist Auto fahren in seiner ursprünglichen Form, bedeutet das Bändigen eines wilden Tieres ...«. »Überholen schrumpft zu einem winzigen Augenblick des brüllenden Hochdrehens, das Auto ... schüttelt sich wie ein übellauniger Hengst!«
Erst als der Ford GT 40 gegen Ende der sechziger Jahre immer erfolgreicher wurde, sank allmählich der Stern des Cobra.

So sah er bereits 1967 aus: der AC Cobra, hier allerdings ein sogenanntes Rebuild von 1982 – das amerikanische Kraftpaket verspricht »Auto fahren in seiner ursprünglichen Form«.

Alfa Romeo
Edles aus der Lombardei

Enzo Ferraris berühmtes springendes Pferd auf Renn- und Sportwagen der Marke Alfa Romeo aus den dreißiger Jahren zu sehen, verwirrt manchen Autofreund zutiefst. Man muß heute im Rückblick jedoch anerkennen, daß die 1919 gegründete Firma ALFA (Anonima Lombarda Fabbrica Automobili), ab 1915 nach dem Aufkauf durch den Industriellen Nicola Romeo »Alfa Romeo« genannt, die dreißiger Jahre sicherlich kaum mehr erlebt hätte, wenn nicht Enzo Ferrari ab Anfang der zwanziger Jahre zum Spiritus Rector von Alfa Romeo geworden wäre. Nach einigen Versuchen als Rennfahrer auf Alfa Romeo wuchs Ferrari immer mehr in die Rolle des Rennleiters und der »grauen Eminenz« hinein, wobei er die Renn-Aktivitäten der Firma souverän organisierte. Seine Umtriebigkeit zum Ruhm italienischer Renn- und Sportautos bewog wohl die Familie Baracca 1923, das Emblem »springendes Pferd«, so eine Art Talisman ihres als Jagdflieger im Ersten Weltkrieg ums Leben gekommenen Sohns

Der Alfa Romeo S.Z. von Zagato – ein auf 1000 Exemplare limitiertes Schmuckstück aus Arese (Seite 10/11). In strahlendem Gelb – die letzte Version der alten Spider-Form, die seit 1966 gebaut wurde. Rechts: der Alfa Romeo 2600 Spider von 1962.

Francesco, dem jungen Enzo »zur Nutzung« zu überlassen. Übrigens ließ er das Emblem neun Jahre in der Schublade liegen ... Der von FIAT 1923 abgeworbene Konstrukteur Vittorio Jano baute auf Betreiben von Enzo Ferrari auf Anhieb hinreißend schöne und erfolgreiche Renn- und Rennsportwagen. Ferrari beauftragte ihn, einen Rennwagen zu konzipieren, der der starken Konkurrenz, jetzt auch schon Bugatti und Mercedes, gewachsen war. So entstand der Alfa Romeo Tipo P 2. Im Oktober 1923 war der Bolide fertig, »nach einer Arbeit von militärischer Exaktheit«, wie Enzo amüsiert feststellte. Ab da wurde Alfa Romeo in den zwanziger Jahren zum Synonym für Rennsport-Erfolge. Ferraris Überlegungen gingen auch dahin, betuchten Privatfahrern ein für sie geeignetes Fahrzeug in die Hand zu geben. So entwickelte Jano den legendären Typ 6 C (»C« steht für Zylinder). Vor

allem der 6 C 1750 ging in die Ruhmeshalle des Sportwagenbaus ein. Stets auf der Suche nach schnellen, beherzten Fahrern, war Enzo ein drahtiger, kleiner Rennfahrer aufgefallen, der mit dem Bugatti 35 überall absahnte: Tazio Nuvolari. Ab 1930 fuhr er hauptsächlich für Alfa Romeo und war sehr erfolgreich. In jenem Jahr gewann er zum Beispiel die Mille Miglia mit einem Typ 1750. Die faszinierende Evolution des Typs 6 C 1750 führte schließlich zum 8 C 2300 Monza, der vor allem zur Zeit der Formula libre (Anfang der dreißiger Jahre) als Grand-Prix-Wagen eingesetzt wurde. Vom Monza führte eine direkte Entwicklungslinie zum legendären P 3, einem GP-Rennwagen mit einem 2,65-Liter-Kompressormotor. Mittlerweile hatte Ferrari einen eigenen Rennstall gegründet, die Scuderia Ferrari (eng an Alfa Romeo angelehnt), und hier prangte zum ersten Mal das springende Pferd auf den Motorhauben. Und Nuvolari siegte und siegte und siegte ...

Aber ab 1934, als die von Hitler initiierten Silberpfeile von Mercedes-Benz und die Silberfische von Auto Union die Herrschaft auf den Rennpisten Europas übernahmen, kamen Alfa Romeo und auch Enzos Scuderia in die Bredouille. 1932 hatte zwar Rudolf Caracciola, nun Stallgefährte von Nuvolari, auf einem P 3 ein tolles, erfolgreiches Rennjahr, aber ein Jahr später mußte Alfa Romeo, um überleben zu können, verstaatlicht werden. Die chronischen wirtschaftlichen Schwierigkeiten der Marke hatten erst 1986 ein Ende, als FIAT die exquisite Firma übernahm.

Gegen die Übermacht der deutschen Grand-Prix-Rennwagen war scheinbar nicht anzukommen. Dennoch beschlossen Enzo Ferrari und der kongeniale Konstrukteur Luigi Bazzi 1935, einen Super-Rennwagen zu bauen, den Bimotore, mit zwei Triebwerken, eins vor, eins hinter dem Fahrer. So kam ein Gesamthubraum von 6330 Kubikzentimetern zustande, auf 16 Zylinder verteilt. Der Bimotore leistete 365 PS.

Der Wagen galt als ein Unikum: Vom Differential führte je eine Kardanwelle zu den Hinterrädern, ein Konstruktionsprinzip, das schon beim Tipo B von 1934 angewandt worden war. Jedoch: der Bimotore hatte auf der Grand-Prix-Rennszene keine Chance. Es war wie ein Symbol, denn mit seinem Scheitern ging auch Enzo Ferraris Zeit – Ende der dreißiger Jahre – bei Alfa Romeo zu Ende. Es darf allerdings bei all diesen Rennaktivitäten nicht vergessen werden, daß Alfa Romeo parallel dazu, vor allem in den Jahren kurz vor dem Zweiten Weltkrieg,

13

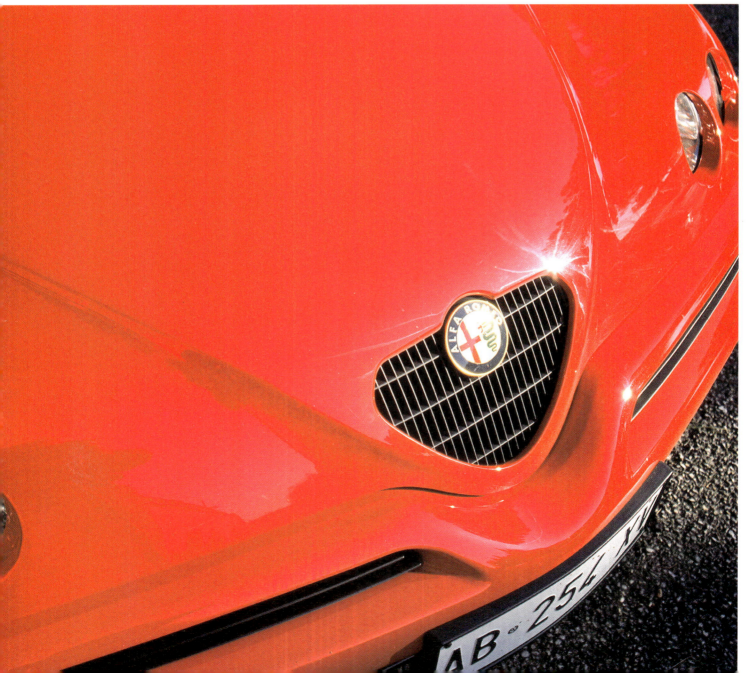

*Aus dem Jahre 1950:
der Alfa Romeo 6 C 2500 Villa d´Este (oben);
links der Alfa Romeo 1900 Sprint Speciale Zagato von 1954
und rechts der GTV, der 1995 auf den Markt kam.*

bestechend schöne sportliche Tourenwagen baute, karossiert von Könnern wie Graber, Pininfarina, Touring und anderen Design-Stars. Einige Typen wurden nach dem Krieg zunächst weitergebaut. Schon 1946 nahm Alfa Romeo wieder am Rennsport teil und gewann 1950 mit dem Typ 158 Alfetta – bereits vor dem Krieg entwickelt – in der Formel 1 die Fahrerweltmeisterschaft (Giuseppe Farina) und 1951 mit einem Typ 159 den gleichen Titel (Juan Manuel Fangio). Von nun an spannte sich der Bogen unzähliger Sport-Erfolge über Jahrzehnte hinweg bis zum Gewinn der Deutschen Tourenwagenmeisterschaft im Jahr 1993.

Die sportlichen Highlights waren garniert durch potente, temperamentvolle »Serienautos«, wie Giulietta Sprint, Giulietta Spider, 2000 & 2600 Berlina, Guilia TI, Giulia Sprint GT, Spider 1750 & Veloce, Montreal, Alfasud Sprint, Alfetta, Alfetta GTV, Alfa164, Alfa 155 bis hin zum Alfa Romeo Spider 3.0 V6 – um nur eine unvollständige Aufzählung zu wagen.

Alpine A 110 von 1969 (links) und Alpine-Renault A 310 von 1979

Alpine
Renault und die Renner aus Dieppe

Ohne den rennsportbegeisterten Sohn eines Renault-Händlers in Dieppe hätte es die kleine, aber feine Sportwagenmarke Alpine wohl kaum gegeben. Jean Rédélé ging seinem Vater gern in dessen Geschäft zur Hand, aber als ein begeisterter Anhänger von Autorennen gingen seine Lebenspläne in eine andere Richtung. Ab 1946 war er im Motorsport aktiv, zunächst mit einem von ihm selber umgebauten Renault 4CV. 1952 dann wurde es richtig ernst. Sein Wunschtraum ging in Erfüllung, als er an der Mille Miglia teilnahm. Er errang den Sieg in der 750er-Klasse, mit einem stark modifizierten Renault 4CV, dessen Karosserie von dem Italiener Michelotti stammte.

Die Nachfrage nach den bissigen Alpines stieg vor allem unter den französischen Kunden, so daß Rédélé 1955 die Societé des Automobiles Alpine gründete. Die Firma nahm zunächst die Konstruktion einer geringen Anzahl von Kleinlimousinen mit einer Glasfaserkunststoff-Karosserie in Angriff. Ihr erster Wagen war der Typ A 106, ein 2+2-Coupé mit der Technik des Renault 4CV.

Die Umtriebigkeit des Firmengründers war imponierend. Ständige Verbesserungen an Chassis, Fahrwerk und Motoren führten schließlich 1963 zum Modell A 110. Dieser Typ wurde wiederum ständigen Verbesserungen unterworfen, die auf Rennerfahrungen basierten. So wurde die Typenbezeichnung A 110 zum Synonym für die Marke Alpine schlechthin. Die elegante Coupé-Karosserie aus Glasfaserkunststoff, von Marcel Hubert entworfen, repräsentierte ein großes, von Renault abgeleitetes Motorenangebot. Vom kleinen 956-ccm-Motor bis hin zum leistungsstarken Vierzylinder mit 1796 ccm Hubraum reichte die Palette. Das auffallendste technische Element war der kräftige Zentralrohrrahmen, der dem Wagen eine Fahrtüchtigkeit verlieh, die zu den oft zitierten Siegen in der Rallye Monte Carlo beitrugen. Der A 110 ist zwar als Rallyewagen berühmt geworden, aber er war auch als Straßenauto äußerst beliebt, vor allem in der 1300-ccm-Version. Er galt schlichtweg als infernalisch laut, bot keinen Platz zwischen Fahrer und Fahrzeughimmel, und es wurde auch ständig über sein Getriebe geklagt. Fahreigenschaft und Straßenlage waren jedoch so gut, daß man ihm seine zahlreichen Mängel nachsah. Die Position des Motors im Heck brachte nicht die sonst beim Heckantrieb üblichen Probleme. Das war der robusten Radaufhängung und dem negativen Radsturz zu verdanken. Die Nachfolgemodelle A 310 und A 610 setzten diese sportliche Tradition fort.

Aston Martin
Nun endlich in sicherem Hafen

Aston Martin, so rühmen die Inselbewohner, gehört zum feinsten britischen Industrieadel, ist sieben Jahre älter als die Marke Bentley und hat doch einen jahrzehntelangen Leidensweg hinter sich. Verkauft, gekauft, umorganisiert, oft am Ende – Aston Martin hat ein ähnliches Schicksal erlitten wie manch andere kleine, aber feine Exklusivmarke auch: Die hochkarätige Kreativität ihrer Ingenieure und Konstrukteure stand immer in krassem Gegensatz zu ihrer schlechten Finanzlage. Außerdem, so meinte die »Sunday Times«, habe Aston Martin selbst in Großbritannien nie dieselbe Wertigkeit gehabt wie etwa Ferrari oder Maserati. Als Ford 1987 Aston Martin aufkaufte, waren einige der Manager in Dearborn der Ansicht, man habe »Austin«-Martin gekauft, wobei man den amerikanischen Automanagern bescheinigen muß, daß sie zumindest die britische Traditionsmarke Austin kannten. Daß die Briten in Newport Pagnell, dem heutigen Firmensitz von Aston Martin, hervorragende Sportwagen bauten, war in den USA bekannt, aber man rechnete Aston Martin nicht zu den großen europäischen Prestige-Autos.

Der Aston Martin DB 7 von 1994 (oben und folgende Doppelseite)

17

Aston Martin DB 5 V8 von 1980 (oben und links);
mit einer Karosserie von Carozztouring:
der Aston Martin von 1956 (rechts oben)
und darunter ein Aston Martin DB 2 von 1951

Einer der schwerwiegendsten Gründe für das Image-Defizit gegenüber Ferrrari oder Porsche waren die ständigen finanziellen Krisen, die Aston Martin von der Firmengründung an immer wieder gefährdet haben. Und dabei fing es 1913 so verheißungsvoll an, als Lionel Martin und Robert Bamford den Entschluß faßten, unter einer eigenen Marke Autos zu bauen. Bis dahin hatten sie Autos der Marke Singer für Rennen vorbereitet. Lionel war selbst Rennfahrer, er fuhr vor allem auf Aston Hill in der Grafschaft Hertfordshire, und so koppelte er den Namen dieses Bergkurses mit seinem Nachnamen zu Aston Martin. Der Name seines Partners Bamford wurde vergessen. Ernst wurde es mit der Produktion ihrer Autos ab 1922. Ihre 1,5- und 2-Liter-Fahrzeuge zählten in den zwanziger und dreißiger Jahren zu den begehrtesten Wettbewerbsautos, vornehmlich in den kleineren Klassen. Das Idol der beiden Firmengründer war Ettore Bugatti, ihm wollten sie nacheifern.

Schon 1925 setzte auf der Besitzerseite das Bäumchenwechsel-dich-Spiel ein, was – bis auf einige »Ruhephasen« – über sechzig Jahre dauerte, was der technischen Gediegenheit der Marke jedoch keinen Abbruch tat. Zu dieser Zeit brachte ein neuer Besitzer der Firma die italienischen Brüder Bertelli ins Spiel, die einen 1,5-Liter-Vierzylinder mit obenliegender Nockenwelle parat hatten. Dieser Motor trieb, immer wieder modifiziert, bis in die dreißiger Jahre Aston-Martin-Sportwagen an, die unzähligen Wettbewerbserfolge an ihre Fahnen heften konnten. Aber das reichte nicht aus, um die wirtschaftliche Lage zu konsolidieren. Die finanzielle Kurzatmigkeit setzte sich nach dem Zweiten Weltkrieg fort, bis Aston Martin 1947, zusammen mit einer anderen notleidenden Edelmarke, Lagonda, Teil des David-Brown-Konzerns wurde.
Und damit begann die Serie betörend schöner Straßen-Sportwagen, die mit dem DB 2 anfing.

21

Sein 2,5-Liter-Sechszylindermotor war ursprünglich für Lagonda gedacht. W.O. Bentley hatte ihn kreiert. Seine Karosserie stammte von der Firma Tickford, die ebenfalls von David Brown übernommen worden war. Der Typ DB 2 erzielte in seiner sportlichen Version Anfang der fünfziger Jahre in Le Mans und bei weiteren großen Rennen gute Resultate.
Es war bemerkenswert, daß sich Aston Martin den finanziell kaum zu verantwortenden Luxus leistete, neben den Straßensportwagen eigens für den Rennsport bestimmte Wettbewerbsfahrzeuge zu entwickeln, wie den DB 3 S von 1954/55. Zu ihm gesellte sich 1956 der Typ DBR, mit 2,7-, 2,9- und 3,7-Liter-Motoren. Mit ihm gewann Aston Martin neben zahlreichen anderen Wettbewerben in den Jahren 1957, 1958, 1959 das 1000-Kilometer-Rennen auf dem Nürburgring und 1959 auch die 24 Stunden von Le Mans. So war es nur logisch, daß die kleine, aber feine britische Rennwagenfirma 1959 auch die Marken-Weltmeisterschaft

errang. Allerdings – der Versuch, im Grand-Prix-Sport mitzuhalten, scheiterte 1959 kläglich. Die Siege im Sport- und Rennsportwagen-Bereich hingegen gaben der Aston Martin Lagonda Ltd. natürlich großen Auftrieb, was sich nun auch auf die Seriensportwagen auswirkte.

Als völlige Neuentwicklung präsentierte sich im Oktober 1958 der Aston Martin DB 4. Nicht nur der Entwurf des formvollendeten Aufbaus stammt von der italienischen Designfirma Touring, sondern auch die Superleggera-Bauweise wurde aus Italien übernommen. Aluminium wurde aber auch für den neuen, 243 PS leistenden 3,7-Liter-Sechszylindermotor verwendet: Zylinderblock und Kurbelgehäuse dieses Triebwerks mit zwei obenliegenden Nockenwellen bildeten ein einziges Aluminiumgußstück. Der Nachfolger des DB 4, Typ DB 5, kam in den James-Bond Filmen »Goldfinger« und »Feuerball« zu Filmstar-Ehren – als feuerspeiendes, schreckenverbreitendes Action-Auto, mit dem Sean Connery seine Feinde brutal in die Flucht schlug.

Ein Auto-Traum, der für viele unerreichbar bleiben wird: Denn dieser Aston Martin Virage aus dem Modelljahr 1988, dessen V8-Motor 310 PS leistet, kostete immerhin 428 000 Mark.

Übrigens ging das leidige Spiel um Aston Martin weiter – verkaufen, kaufen, finanziell immer auf der Kippe, bis 1987 Ford USA 75 Prozent der Aktion erwarb und Ruhe in Newport Pagnell einkehrte. Die Modellhektik setzte sich allerdings fort, und das immer noch mit eigenen, selbst entwickelten Motoren. Es war sicher auch eine Frage des Prestiges, sich nicht im gut sortierten Motorenladen von Ford zu bedienen, etwa mit einem mächtigen V8-Aggregat.

Was Aston Martin heutzutage an aktuellen Modellen anbietet, gehört ohne Zweifel dank Fords moralischer und finanzieller Unterstützung zum Elegantesten, Kraftvollsten und Prestigeträchtigsten, was der kleine Markt der Luxus-Sportwagen zu bieten hat: der Typ Aston Martin DB 7 mit 2+2 Sitzen, 3,2-Liter-Sechszylinder-Kompressormotor und 340 PS Leistung oder der Typ Aston Martin Virage Volante beziehungsweise Vantage, angepriesen als luxuriöser Hochleistungswagen mit Leichtmetallkarosserie und einem 5,3-V8-Kompressormotor, der 334 PS leistet.

Edle Autos finden auch Fans von edlem Geblüt; Prinz Charles liebäugelt bereits seit längerem mit dem Kauf eines Aston Martin Vantage. Doch ist ein Preis von 458 000 Mark auch für ihn kein Pappenstiel.

Genau 33 Jahre liegen zwischen diesen Modellen: 1963 entstand der DB 4, und das andere schöne Cabrio, der DB 7 Volante, kam 1996 auf den Markt.

Austin Healey 3000
Ein Wagen für »harte Jungs«

Der britische »Traumsportwagen« hieß ursprünglich nur Healey Hundred, war auf der Londoner Motor Show des Jahres 1952 ausgestellt und wurde von einem 2,6-Liter-Vierzylinder der Marke Austin angetrieben. Schöpfer war ein gewisser Donald Healey, der in seiner Werkstatt aus vielen Einzelteilen verschiedener Marken schnelle Sport- und Tourenwagen zusammenbaute. Der Chef der britischen Firma Austin, Leonard Lord, war von dem Wagen so angetan, daß er Healey eine Partnerschaft anbot. Man wurde schnell handelseinig, und schon am nächsten Tag prangte am Ausstellungswagen der Name Austin Healey. Der attraktive Zweisitzer war auf Anhieb ein Erfolg, vor allem in den USA. Er verkörperte aufs schönste die Tugenden englischer Sportwagen: elegant, knüppelhart, spartanisch, eng, laut, schnell. 1956 wurde das 4-Zylindermodell durch den 100 Six abgelöst, mit 2,6-Liter-Sechszylindermotor. Dahinter steckte auch die Absicht, ein Gegengewicht zur Triumph-Typenreihe TR zu schaffen. Drei Jahre später wurde die Maschine auf 2,9 Liter Hubraum vergrößert, und der Austin Healey 3000 war geboren. Da es bei Austin sparsam und rationell zuging, werkelte dieser Motor – mit etwas weniger Leistung – auch in anderen Autos der BMC (British Motor Corporation), wie im Morris, MG, Wolseley oder Riley.
Im 3000 leistete der Austin Healey zunächst 124 PS. An den Vorderrädern gab es jetzt auch Scheibenbremsen. 1958 hatte der 3000 übrigens einen kleinen Bruder bekommen, den Austin Healey Sprite.
Im Verlauf der Typen-Weiterentwicklung wurde auch der 3000 verbessert, zum 3000 MK II. Die Leistung stieg auf 132, später auf 138 PS. Den neuen 3000 erkannte man an den senkrechten statt waagerechten Kühlergitterstäben. Der MK II war ein riesiger Exportschlager. Allein 85 Prozent der Produktion wurden in die USA ausgeführt. Zur letzten Evolutionsstufe wurde der Austin-Healey MK III. Die Leistung betrug nun – dank größerer Vergaser – 150 PS. Im Inneren ging es jetzt auch »gemütlicher« zu, mit Nußbaumfurnier, Mittelkonsole mit Armlehne, abschließbarem Handschuhfach und einer umklappbaren Notsitzlehne.
Der Austin Healey 3000 war auch im Motorsport enorm erfolgreich. Die englische Rallyefahrerin Pat Moss, Schwester von Stirling Moss, charakterisierte ihn so: »Nichts für Anfänger, logisch. Auf glatter Straße ein Saubraten.« Ähnlich äußerte sich ein Schweizer 3000-Fan, der seinen Boliden »Wildschwein« nennt.
1968 kam das Ende für den Austin Healey. Die strengen amerikanischen Abgas-Gesetze und Modell-Konkurrenz im eigenen Konzern brachten das Aus.

Heute ein begehrtes Sammler-Objekt: der Austin Healey 3000 MK 3 von 1963

25

Ein Roadster von Auto Union: der 1000 Sp aus dem Jahre 1961. Sein Zweitakt-Motor leistet 55 PS.

Auto Union
Vom Thunderbird inspiriert

Spaßeshalber wurde der 1932 vollzogene Marken-Zusammenschluß von Audi, DKW, Horch und Wanderer »Deutschlands General Motors« genannt. Jede der vier Marken arbeitete unter ihrem Namen weiter, wobei allerdings der Grand-Prix-Rennwagen von Ferdinand Porsche unter AUTO UNION an den Start rollte.

Nach dem Zweiten Weltkrieg wurde die DKW-Produktion im Jahr 1950 wieder aufgenommen, und Audi baute ab 1965 wieder Autos. Die Marken Horch und Wanderer ruhen einstweilen. Um die Angelegenheit noch komplizierter zu machen, wurde im DKW-Bereich eine Auto-Union-Klasse 1000, 1000 S und 1000 Sp eingerichtet.

Von seiner ungemein schicken Karosserie her war der Typ 1000 Sp (Coupé und Roadster) ein sportlicher Zweisitzer »im Stil des seinerzeitigen Ford Thunderbird«, wie der Motorjournalist Werner Oswald schrieb. Das war allerdings kein Vorwurf, denn solch eine Karosserielinie war für ein deutsches Auto der Nachkriegszeit eine Sensation. Der Dreizylinder-Zweitakter hatte einen Hubraum von 980 ccm und leistete 55 PS. In der damaligen Werbung für den 1000 Sp wurde mit der Höchstgeschwindigkeit von 140 bis 145 km/h geprahlt, die man gefahrlos als Dauergeschwindigkeit auf der Autobahn fahren könne. Weiter heißt es im Werbetext: »Das für den Zweitakter getankte Kraftstoff-Öl-Gemisch (1:4) gewährleistet eine ständige Schmierung aller Motorteile, die der jeweiligen Motorbelastung genauestens angepaßt und stets ausreichend dosiert wird. Das Stufenpedal bestimmt durch seine Druckpunktstellung den Bereich sparsamsten Fahrens und hält stets Reserven für Überholmanöver und kritische Situationen bereit. Tiefe Schwerpunktlage, Frontantrieb, Schwebeachse und hintere Stufenfederung ergeben eine kaum zu überbietende Straßenlage, während die in Vulcollan gelagerte Zahnstangenlenkung, die einen direkten Kontakt mit der Fahrbahn vermittelt, zur ›Kontaktlenkung‹ wird. Hohe Beschleunigung und hervorragende Bremsen geben dem Fahrer in jeder Situation ein wohltuendes Gefühl der Sicherheit (...) Schlauchlose Reifen auf verbreiterten Felgen und doppelt wirkende Teleskop-Stoßdämpfer fangen jede Unebenheit der Fahrbahn auf und lassen den schnellen Wagen weich dahingleiten, wobei ihn die in eleganter Formgebung gestalteten Stabilisierungsflossen völlig unempfindlich gegen Seitenwind machen. Von Könnern gebracht, für Kenner gemacht: Der AUTO UNION 1000 Sp – ein Automobil der internationalen Extraklasse.«

Mit dem letzten Munga-Geländewagen der Bundeswehr, der im Dezember 1968 fertiggestellt wurde, endete die fast 50jährige Geschichte des Zweitaktmotors bei DKW und der Auto Union.

Bentley
Sportlicher Bruder des großen Stars

Walter Owen Bentley gehört sicherlich zu den bedeutendsten Automobil-Konstrukteuren dieses Jahrhunderts. Man wird ihn in einem Atemzug mit Ferdinand Porsche und Ettore Bugatti nennen müssen. Er hatte sich bereits seine Meriten verdient, bevor er sein erstes eigenes Autos baute: Als Repräsentant der französischen Marke DFP schlug er vor, die Kolben aus Aluminium herzustellen – ein wichtiger Schritt in der Evolution des Motorenbaus. Im Ersten Weltkrieg konstruierte er einen der besten Flugzeug-Sternmotoren der Alliierten. Sein Name war so auch in der damals noch kleinen Konstrukteurszunft zu einem klangvollen Begriff geworden, doch noch immer wartete die Welt auf Bentleys eigene automobile Premiere. Sie kam 1919: ein Vierzylinder mit 3 Litern Hubraum. Der Wagen wurde aber erst 1921 zum Verkauf angeboten. Dieser Bentley-Motor war der erste in einer Kette legendärer Triebwerke, die alle von ihm abstammten: der 4,5-Liter-Bentley, der 6,5-Liter-Bentley und auch der 8-Liter-Bentley. Chassis- und Karosserie-Design waren konventionell angelegt.

Denn als fanatischer »Motorenmann« galt Bentleys Interesse eher den Triebwerken. Es waren mächtige Klötze und auch in ästhetischer Hinsicht ein Genuß.

Bentley Continental R von 1992 – stattliche 389 PS aus seinem Turbomotor sorgen für eindrucksvolle Fahrleistungen.

Vier Ventile pro Zylinder sorgten für eine effiziente Beatmung des Motors. Der 3-Liter-Bentley leistete 80 bis 85 PS, und Walter Owen war von der Qualität seiner Arbeit dermaßen überzeugt, daß er seinen Kunden eine fünfjährige Garantie anbot. Ettore Bugatti, der zur selben Zeit wie Bentley zu Ruhm und Ehren kam, war fasziniert von der Wuchtigkeit der Bentleys und nannte sie »die schnellsten Lastwagen der Welt«. Das 3-Liter-Modell blieb bis 1929 im Produktionsprogramm. 1925 kam der Big Six auf den Markt und leistete mit seinen sechs Zylindern 147 PS. Aber diese Motorenkonfiguration machte relativ wenig Eindruck auf die potentiellen Käufer. So kehrte Bentley zum Vierzylinder zurück und offerierte 1927 einen Motor mit 4,5 Litern Hubraum, Leistung zunächst 100, später 130 PS. Es wird Zeit, in diesem Zusammenhang von Bentleys Triumphen bei den 24-Stunden-Rennen von Le Mans zu sprechen. Mit einem simplen 3-Liter wurde der erste Sieg in der Sarthe, der Landschaft südwestlich von Paris, im Jahr 1924 errungen. Es folgten vier weitere Gesamtsiege von 1927 bis 1930.

Die Fahrer stammten aus dem legendären Rennfahrer-Clan der »Bentley-Boys«, in dem sich reiche, motorbesessene Herrenfahrer versammelt hatten. Ihr Anführer war der südafrikanische Diamantenmillionär Woolf Barnato, der über Jahre hinweg W.O. Bentley finanziell unterstützte, denn der Pleitegeier kreiste ständig über den Werkshallen im Londoner Stadtteil Cricklewood. Es waren auch die »Bentley-Boys«, die gegen den Willen von W.O. Bentley Vierzylinder in der Werkstatt von Charles Amherst Villiers mit Kompressoren ausrüsten ließen. Bentley war genau so gegen die Aufladung eingenommen – »Hubraum muß die Power bringen« – wie Ettore Bugatti, der seinem Typ 35 auch erst nach massivem Drängen seiner Kunden diese Stärkungskur verordnete. Neben den Bentley-Sportwagen gab es eine Reihe von eleganten geschlossenen Karosserien, die mit Marken wie Rolls-Royce und Napier konkurrieren mußten.

Continental R (links oben); Bentley MK VI von 1954 (ganz links); daneben: Bentley S 3 Continental von 1966 und noch einmal der Bentley Continental R von 1992

Aber der finanzielle Ruin der Bentley Motors Ltd. war nicht aufzuhalten. Mehrheitsaktionär Barnato war nicht gewillt, noch mehr Geld zuzuschießen. Rolls-Royce erschien 1931 als der Retter, wobei man mit W.O. Bentley ziemlich schäbig umging. Er fungierte als Berater und Testfahrer, hatte aber keinen Einfluß mehr auf die Modellpolitik.

Rolls-Royce ließ drei eigenständige Bentleys, den 3,5-Liter (1933 - 1936), den 4,5-Liter (1936 - 1939) und den MK V (1939 - 1940) bauen. Nach dem Zweiten Weltkrieg begann man im Rolls-Royce-Hauptquartier in Crewe damit, die Modellreihen von Rolls-Royce und Bentley einander anzupassen. Einigen wenigen Bentley-Typen wurde noch ein Eigenleben zugestanden, wie

den Typen MK VI und R und vor allem dem atemberaubend schönen Typ Continental der S-Serie (1955 - 1959). Dem Rolls-Royce Silver Cloud von 1955 - 1959, dem letzten Rolls-Royce-Sechszylinder, entsprach bereits der Bentley S 1. Hier war die Gleichschaltung praktisch vollzogen. Unter dem Blech waren beide Autos identisch, wobei der weniger klassische Kühlergrill des Bentley den Wagenpreis sogleich um zehn Prozent minderte.

Vor einigen Jahren wurde Bentley eine neue Rolle zugewiesen: Die Marke soll nun das sportliche Element im Gespann Rolls-Royce-Bentley übernehmen. Es begann mit dem Bentley Eight von 1984, setzte sich fort mit dem Typ Mulsanne S von 1987, dem Turbo R und Turbo R Sport. Auf dem Genfer Autosalon

1994 wagte sich Bentley mit dem Konzeptauto Java auf neues Terrain. Ein »bescheidener« 3,5-Liter-V8-Motor mit 32 Ventilen insgesamt will wohl um die Gunst der Käufer werben, die den ehrwürdigen 6,75-Liter-Motoren der traditionellen Rolls-Royces und Bentleys und dem damit verbundenen Image von High-Society-Kutschen skeptisch gegenüberstehen. Verkaufshilfe wird sein, daß die Firma Cosworth, Veredelungsspezialist für sportliche Motoren, das V8-Triebwerk entwickelt hat. Übrigens läßt auch Mercedes-Benz dort arbeiten, was wiederum pikant ist, weil Cosworth zum Vickers-Konzern gehört, dem eigentlichen Eigentümer von Rolls-Royce und Bentley.

Bilder oben: Bentley Turbo S von 1992;
unten: Bentley S 2 Continental, 1955; S 1 Continental, 1956 und der Bentley R von 1955 (von links)

BMW
Beharrlich und clever nach oben

Wer sich mit der Frühgeschichte der Marke BMW befassen möchte, wird sich auf ein verwirrendes Geflecht von Firmengründungen, Fusionen, Zusammenbrüchen und Neugründungen gefaßt machen müssen. Aber er wird auch auf weitsichtige Unternehmerpersönlichkeiten stoßen und auf eine ungebrochene Innovationsfreudigkeit.

So fing es an: Karl Benz' Patent DRP 37435 für seinen Benz-Patentmotorwagen war schon mehr als 30 Jahre alt, als am 7. März 1916 ins Handelsregister der Stadt München die Bayerische Flugzeugwerk AG eingetragen wurde – eine Firmengündung, die auf der Höhe der Zeit zu liegen schien. Der Erste Weltkrieg forderte schreckliche Verluste auf beiden Seiten der Kriegsmächte. Allein die schweren Kämpfe um Verdun kosteten die Franzosen in den Monaten Februar bis Juni 440 000 Menschenleben, die Somme-Schlacht mit dem Angriff von 104 französischen und britischen Divisionen sowie starker Artillerie- und Fliegerunterstützung brachte nur geringen Geländegewinn. Eine neue Waffe machte Furore: Kampf- und Jagdflugzeuge. In dieser Phase des Krieges waren es deutsche und österreichische Offiziere und Ingenieure, die die Initiative zum Bau von kampfstarken Flugzeugen ergriffen: Franz-Joseph Popp, ein Österreicher, und Karl Rapp mit seinen Motorenwerken in München. Popp wurde deren Technischer Direktor, weil Rapp kränkelte, und sorgte auch dafür, daß die notleidende Firma Gustav-Otto-Flugmotoren, ebenfalls in München, angegliedert wurde. Aus diesen beiden, eher auf wackligen Füßen stehenden Firmen entstanden 1917 die Bayerischen Motoren Werke GmbH. Geschäftsführer wurde Franz-Joseph Popp. Er entwarf auch das Firmenzeichen: den rotierenden Flugzeugpropeller in den bayerischen Landesfarben Weiß und Blau. Popp zur Seite stand der Konstrukteur Max Friz.

Nach dem Ersten Weltkrieg verboten die Siegermächte den Bau von Flugzeugmotoren. Eine Ausweichmöglichkeit bot sich in der Fertigung von Schiffsmotoren – etwas später entdeckte man die Attraktion des Zweirads, des Motorrads. Das war Wasser auf die Mühle von Max Friz, denn er hatte bereits 1921 für die Firma Victoria Motorräder entwickelt.

An dieser Stelle sollte erwähnt werden, daß mit dem Firmennamen BMW Anfang der zwanziger Jahre allerlei Schindluder getrieben wurde. Die Firma wurde zunächst von dem Unternehmen Kunz-Knorr-Bremsen AG aufgekauft. Dann kam 1922 der Finanzier Camillo Castiglioni und kaufte von den Bremsen-Leuten den Firmennamen BMW sowie den Motorenbau, samt fahrkundigem Personal, Material und Einrichtungen. Jetzt konnte Friz endlich seinen Motorradtraum verwirklichen, das R 32, das heute als einer der ganz großen Meilensteine in der Geschichte des Motorrads gilt.

Neben dem Motorradbau interessierte sich BMW alsbald für eine eigene Autoproduktion. Es war ein cleverer Schachzug, 1928 eine voll intakte Firma zu kaufen, nämlich Wartburg in Eisenach. Dort wurde in Lizenz der Kleinwagen Austin Seven hergestellt, den BMW sehr bald »Dixi« nannte. Im Jahr 1932 wagte BMW mit dem Typ 3/20 die erste komplette Automobil-Eigenentwicklung, ein Jahr danach mit dem 303 den ersten Sechszylinder von BMW.

Wie die gesamte deutsche Automobilindustrie ließ sich auch BMW von Hitlers Auto- und Motorenbesessenheit mitreißen. Da die Flugmotoren der Bayern beziehungsweise der Thüringer das Beste vom Besten waren, paßten sie genau ins Rüstungskonzept der Nazis. Bald waren von 4700 BMW-Mitarbeitern

nur noch gut 2400 in der Autoproduktion beschäftigt. Dennoch gab es 1937 im Autobau ein Glanzlicht, den Typ 328, den viele Autokenner für einen der schönsten und gelungensten Sportwagen aller Zeiten halten. Die unternehmerische »Power« spielte sich jedoch auf dem Sektor des Flugzeugmotorenbaus ab. BMW produzierte bis 1945 in Berlin-Spandau, Eisenach und München Zehntausende von Triebwerken, darunter mit dem Jet-Antrieb 003 eines der ersten serienmäßig hergestellten Strahltriebwerke der Welt. Der Zweite Weltkrieg schlug den meisten der BMW-Werkshallen tiefe, schreckliche Wunden. In Eisenach fanden die einmarschierenden amerikanischen Truppen hingegen ein fast unbeschädigtes Werk vor, das später die Sowjets total demontierten.

In München-Milbertshofen war der Neuanfang zögerlich, aber dennoch zielstrebig. Im Sommer 1948 konnte BMW auf dem Genfer Salon immerhin den Dummy eines neuen Motorrads präsentieren, den Typ R 24. »BMW ist wieder da«, hieß es in der internationalen Fachwelt.

Ein traumhaft schöner Roadster: der BMW 507 von 1959 (Seite 34); 1996 kam der BMW Z 3 auf den Markt (Seite 32 und 35). Folgende Doppelseite: das BMW 850i Coupé

35

Längst war man sich auch über den Neubeginn des Autobaus einig, der 1952 mit dem 501 Gestalt annahm. Motor und im wesentlichen auch Design entsprachen noch dem Vorkriegstyp 326. Seine Karosserie wirkte bayerisch-barock.
Der 501 war auf Anhieb ein Publikumserfolg, was aber nicht unbedingt eine stürmische Nachfrage bedeutete. Das Modell hieß bald 502 und war ab 1954 auch mit V8-Motor zu haben. Diese

Wagen blieben Prestige-Autos, vor allem die Derivate 503 und 507. Aber sie fuhren keine Gewinne ein. BMW zahlte pro Exemplar 4000 bis 5000 Mark drauf. Dann gab es noch einige ziemlich unverständliche Experimente, die heute Nostalgie aufkommen lassen, wie die Isetta, auch »Knutschkugel« genannt, eine rollende Zweimannkabine mit der Tür vorn! Jedenfalls war BMW 1959 so gut wie bankrott und sollte verkauft werden – ausgerechnet an Daimler-Benz! Doch Belegschaft, Händler und Kleinaktionäre kämpften um die Selbständigkeit ihres Unternehmens. Das weckte das Interesse des Großaktionärs Herbert Quandt. Er übernahm Teile des BMW-Aktienbesitzes. Ein neuer Vorstand wurde eingesetzt, sachkundige Spezialisten und ein aktiver Betriebsrat halfen mit, die Eigenständigkeit von BMW zu sichern. Die Rettung der traditionsreichen Firma ist sicherlich ein Ruhmesblatt in der deutschen Industriegeschichte.

Mit dem Produktionsbeginn der neuen BMW-Mittelklassewagen, mit dem Typ 1500, begann eine beispiellose Erfolgsserie. 1972 war die Wiederaufbauphase abgeschlossen, und mit dem Typ 520 wurde nicht nur der Nachfolger der mittleren Baureihe, sondern zugleich das neue System der Typenbezeichnung eingeführt.

Für einen Image-Schub sorgte 1983 die Formel 1: Nelson Piquet holte im Brabham-BMW den Weltmeister-Titel. Zum 100. Geburtstag des Automobils, 1936, stellte BMW voller Stolz die neue 7er Reihe vor. Sie setzte neue Maßstäbe. Ein Jahr später präsentierten die Münchner den ersten deutschen Zwölfzylinder – ihr Platz im Olymp des Luxuswagen-Segments.

BMW 502 von 1955 (links oben); der BMW 3,7 V8 Super von 1962 (darunter); BMW 503 Cabrio, 1956 (ganz oben) ur d der BMW 3200 CS Bertone von 1962

39

1990 kehrte BMW zu seinen fast 75 Jahre alten Wurzeln zurück: BMW und Rolls-Royce gründeten eine Gesellschaft für Flugzeugtriebwerke, und vier Jahre später kaufte man die britische Traditionsmarke Rover, was den Unternehmensstrategen im »BMW-Vierzylinder«, dem avantgardistischen Verwaltungshochhaus, noch viel Kopfzerbrechen bereiten wird. Trost mag es sein, daß seriöse englische Zeitungen und Fachjournalisten geradezu begierig darauf warten, daß die ersten BMW-V12-Motoren in die neuen Rolls-Royces und Bentleys eingebaut werden. Mehr kann man im internationalen Autobau nicht erreichen ...

Ein kerniger Roadster, der 1989 auf den Markt kam: BMW Z 1 (oben und links); der Prototyp des BMW M 1 (rechte Bildleiste) entstand 1977.

Borgward
Der Renner einer Epoche

Carl F. Borgward – die jüngeren Leser dieses Buches werden gar nicht mehr wissen, welche bedeutende Rolle dieser gelernte Schlosser in der Geschichte der deutschen Automobilindustrie vor allem nach dem Zweiten Weltkrieg gespielt hat.
Er war ein Selfmademan, wie er im Buche steht und die Verkörperung des »Wirtschaftswunders« schlechthin. Schon vor dem Zweiten Weltkrieg hatte er erfolgreich Autos gebaut, Hansa, Hansa-Lloyd und Goliath zum Beispiel. Das brachte ihm den Titel »Wehrwirtschaftsführer« und danach drei Jahre Internierungshaft unter der amerikanischen Besatzungsmacht ein. Nach der Entlassung wurde er eine der großen, legendären Vorzeigefiguren der boomenden deutschen Nachkriegswirtschaft. Er machte den Bremer Borgward-Konzern zum viertgrößten deutschen Automobilproduzenten. Als einziger im Konzert der Großen war Borgward Alleininhaber seiner Werke. Das gereichte seiner Unternehmens- und Produktpolitik zum Vorteil. Er allein entschied, und zwar ziemlich autoritär und schnell. So ließ er sich durch die Amerikanismen, wie der Ford Taunus oder der Opel Olympia sie beispielsweise aufwiesen, nicht irritieren. Borgwards erstes Nachkriegsauto war der Hansa 1500 von 1949, mit 48 PS Leistung – und mit der für deutsche Verhältnisse aufsehenerregenden Pontonkarosserie. Der Hansa 1800 folgte 1952, jetzt mit einem 60-PS-Motor.
Im Jahr 1954 wagte Borgward den Sprung in eine völlig neue Typenklasse mit der Borgward Isabella. Dieser Schmusename war

42

ursprünglich nur für betriebsinterne Zwecke gedacht, aber der Verkaufspsychologe Borgward spürte auf Anhieb, wie gut dieser Typenname beim Käufer ankam. Die Karosserie der Isabella war elegant »verschlankt«, mit glattem Hinterkotflügel und größerem Kofferraum. Der Wagen machte 135 Stundenkilometer »Spitze«. Die Autotester waren von der Isabella begeistert. So schrieb die sonst eher zurückhaltende »Frankfurter Allgemeine«: »Nur das Äußere des Wagens wirkt damenhaft leicht: Die glatten Außenflächen, die weichen Formen, das Gewicht. Sehr männlich präsentiert sich dagegen die Maschine.« Dies galt vor allem, als Carl F. Borgward 1955 die Isabella TS kreierte. Sie hatte eine Leistung von 75 PS und war damit so schnell, daß ein Porsche 356 oder ein Mercedes-Benz-Sechszylinder Mühe hatte, mit der Spitze von 150 Stundenkilometern des TS mitzuhalten. Das Isabella-Coupé – gebaut von 1957 bis 1961 – war die Krone der Automobil-Schöpfungen aus Bremen.

Es kostete rund 11 000 Mark und wurde bald zum Liebling autofahrender Frauen. Auf Wunsch war die Isabella ab 1959 auch mit Heckflossen lieferbar.
Als »schönstes Borgward-Modell aller Zeiten« galt das auf Coupé-Basis entwickelte Cabrio, das die Karosseriefirma Deutsch entwickelte. Von dieser automobilen Schönheit gab es nur 20 Exemplare.
Das Schicksal der Firma Borgward nahm dennoch einen tragischen Verlauf. Experimentierfreude, gepaart mit kaufmännischer Laxheit, vor allem ein drastischer Absatzrückgang auf dem amerikanischen Markt und Banken, die ohne Wagemut zu einem Krisenmanagement nicht fähig oder nicht bereit waren – all das führte 1961 zum Konkurs.

Die Borgward Isabella als 2+2-Coupé von 1957; aus demselben Modelljahr stammt auch die Limousine (oben).

Cadillac
Aus Gottes eigenem Land

Es gibt keinen Zweifel, daß ohne Henry Fords Typ T von 1909 Amerikas Geschichte in diesem Jahrhundert einen anderen Verlauf genommen hätte. Ford hat »Gottes eigenes Land« auf Räder gesetzt. Aber neben dem Haudegen aus Dearborn gab es noch einige andere Männer, die das Thema Automobilindustrie in den USA – sagen wir mal – intellektueller, »more sophisticated« angingen. Einer war der zu Unrecht in Vergessenheit geratene Henry M. Leland, der später als Gründer der Automarke Cadillac zu Ruhm und Ehren kam. Er war Teilhaber der Firma Leland & Faulconer, die schon vor der Jahrhundertwende Einbaumotoren produzierte, unter anderem auch für die Marke Olds. Als deren Detroiter Werkstätten 1901 ein Opfer der Flammen wurden, sprang Lelands Firma als Motorenlieferant ein. Leland hatte sich zu diesem Zeitpunkt unter seinesgleichen längst einen guten Namen gemacht. Er verfocht auf dem Maschinenbausektor das Prinzip der »höchsten Präzision und strengsten Qualitätskontrolle«. Gedrillt worden war Leland als Büchsenmacher in der Waffenfabrik Springfield & Colt. Er hatte sich dort schon einen Namen gemacht wegen seines unerbittlichen Eintretens für Toleranzen von höchstens »einmillionstel Zoll«.

Bei Leland wurde nicht, wie bei Ford, über den Daumen gepeilt. Als er 1903 sein erstes eigenes Auto baute, übernahm er diesen Qualitätsstandard für sein Einzylindermodell A. Als Markennamen wählte er – geschichtskundig, wie er war – Cadillac. Das war der Name eines französischen Offiziers und Forschers: Antoine de la Mothe Cadillac. Er hatte eine Expedition in den Nordosten Amerikas geleitet, die 1701 zur Gründung von Detroit führte. Henry M. Lelands Autofabrik stieg sehr schnell zu

einer der weltgrößten auf. Bis 1914 wurden bereits 80 000 Wagen produziert. Schon 1909 wurde Cadillac ein Teil der von W.C. Durant gegründeten General Motors Gruppe. Leland griff zu, als ihm für seine Firma 4,5 Millionen Dollar geboten wurden. Niemals zuvor hatte auf einem amerikanischen Scheck eine solch hohe Summe gestanden. Cadillac war bald der Inbegriff für fortschrittliche Technik. Der V8-Motor von 1915 war das erste in Serienautos eingebaute Triebwerk dieser Art. 1912 kam bereits der erste elektrische Anlasser.

Fleetwood Eldorado Coupé, 1977 (links)
Sedan de Ville, 1956 (oben)

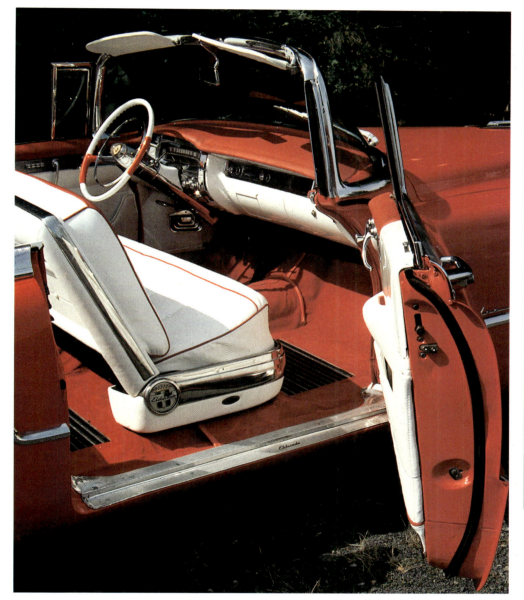

Cadillac Eldorado Special, 1955 (beide Seiten, Details und Heckansicht)

Cadillac führte 1929 auch das erste synchronisierte Getriebe ein, dazu Chrom statt Nickelüberzug auf allen blanken Teilen. Neben den Duesenbergs war Cadillac zwischen den beiden Weltkriegen die teuerste und luxuriöseste Marke der USA. Hollywood-Stars und Gangster gleichermaßen bevorzugten die Renommier-Marke von General Motors.

Zu allerdings zweifelhaftem Ruhm kam ein Cadillac am 14. Februar 1929 in Chicago, als eine Handvoll als Cops verkleidete Gangster an der Clark Street No. 2122 aus dieser bärenstarken Luxuslimousine sprangen. Das Haus galt als Treffpunkt Chicagoer Gangster, die Al Capones Wege störten. Also gab er die Order, die siebenköpfige Gang umzulegen.

Die Cadillac-Besatzung leistete ganze Arbeit. Dieses Gemetzel nimmt in der Geschichte des amerikanischen Verbrechens als das »St. Valentine's Day Massacre« einen makabren Ehrenplatz ein. Aber auch die Großen und Mächtigen ließen sich in »Caddies« chauffieren. So fuhr der ägyptische Präsident Nasser 1958 in einem Cadillac-Cabriolet mit Chruschtschow zur Eröffnung des Assuan-Staudamms, und schon 1932 waren im Fuhrpark des Vatikans zehn Cadillacs und Buicks vertreten. Für den reichen Cadillac-Käufer spielten technische Details keine große Rolle.

Dennoch waren Innovationen auf technischem Gebiet das Aushängeschild der Nobelfirma, so ein V16-Motor mit 180 PS, der bis 1937 gebaut wurde. »Standard of the World« hatte der Firmenslogan schon vor dem Ersten Weltkrieg gelautet, und diesem hohen Anspruch wollte man auch nach 1945 gerecht werden, und zwar mit gewaltigen Limousinen, die hierzulande sehr bald den Begriff »Amischlitten« begründeten, wie die Typen Fleetwood oder Eldorado mit bis zu 8 Litern Hubraum. Elvis Presley war noch bei Sun Records unter Vertrag, als er vom Cadillac-Bazillus befallen wurde. Nachdem die ersten Tantiemen flossen, kaufte er sich im Herbst 1956 einen pinkfarbenen Fleetwood Special und blieb bis zu seinem Tod dieser Marke treu. Er hat im Verlauf seines Lebens über 20 Cadillacs besessen.

Cadillac hat seine Trendsetter-Funktion immer werbewirksam betont. So wurde 1967 ein völlig neuer Eldorado vorgestellt, der erstmals über Frontantrieb verfügte und – als Sonderausstattung – Scheibenbremsen für die Vorderräder, die dann 1969 serienmäßig eingebaut wurden.

Die neue Eldorado-Generation von 1970 verfügte über den größten, jemals in einen Nachkriegs-Personenwagen eingebauten Motor. Er hatte einen Hubraum von 8,2 Litern, seine Leistung lag bei sage und schreibe 400 PS.

Die Ölkrise von 1974 bedeutete das Ende dieser Big-Block-Motoren.
In den frühen siebziger Jahren war Cadillac in Sachen Sicherheit ebenfalls ein Trendsetter. Schon ab 1972 wurden alle Modelle serienmäßig mit Sicherheitsgurten ausgestattet. Mitte der achtziger Jahre war in den USA die Ära der hemmungslosen »Guzzlers« vorbei. Man war sich nicht mehr zu fein, bei europäischen Think Tanks, zum Beispiel bei GM-Töchtern, Ideen abzurufen, indem man Synergie-Effekte nutzte. So entsteht ein Cadillac der mittleren Klasse in Rüsselsheim auf der Basis des Opel Omega, für den amerikanischen Markt mit viel Plüsch und Glitzerkanten wohnlich gemacht.

Cadillac Sedan de Ville, 1965 (ganz links)

Cadillac Convertible Series 62, 1959 (links und oben)

Chrysler
Wild, brutal, spartanisch

Walter S. Chrysler hatte sich schon in den Autofirmen Buick und Willys Verdienste erworben, als er 1923 die Chrysler Corporation in Detroit gründete. Sie sollte ein Gegengewicht zu den mächtigen Konzernen Ford und General Motors sein. Er gliederte seiner Firma die Marke Dodge an und gründete zwei weitere, Plymouth und DeSoto. Die Chrysler-Geschichte wurde über Jahrzehnte hinweg durch ein ständiges Auf und Ab geprägt. Bis heute hat sich daran wenig geändert, und die letzte große Krise wurde vor einigen Jahren vom heute schon legendären ehemaligen Firmenchef Lee Iacocca bewältigt.

Der Typ Viper soll entstanden sein, so eine Information aus dem Hause Chrysler, als Chrysler-Präsident Bob Lutz, der Rennwagenkonstrukteur Carroll Shelby, Design-Chef Tom Gale und François Castaing, Chef der Chrysler-Fahrzeugentwicklung, zusammensaßen und nostalgisch über die großen, wilden Sportwagen der Vergangenheit diskutierten. Grundtenor ihrer Kamingespräche: Es muß ein Nachfolger für den AC Cobra her. Im Mai 1990, 15 Monate nach der Vorstellung der ersten Entwicklungsstufe, gab der damalige Chrysler Vorstandsvorsitzende Lee Iacocca mit Stolz bekannt, daß der Chrysler Viper in Serie gebaut würde. Nur ein Jahr später, im Mai 1991, führte ein Chrysler Viper als Pace-Car das Teilnehmerfeld beim 75. Indianapolis-500-Meilen-Rennen an, was für jedes Auto eine Art Ritterschlag bedeutet.

51

Im November 1991 lief die Serienproduktion an. Bob Lutz ermutigte seine Techniker, so bedenkenlos in die Vollen zu greifen, wie das nur in Amerika möglich ist: Aus den acht Litern Hubraum, auf zehn Zylinder verteilt, erwuchsen 394 PS und ein gigantisches Drehmoment von 620 Newtonmetern, das bei weniger als 4000 Umdrehungen pro Minute anlag. Beschleunigung von Null auf 100 Stundenkilometer in 4,5 Sekunden; Höchstgeschwindigkeit 226 Stundenkilometer.

Im Innern des ersten Serientyps ging es spartanisch zu wie in einer Kadettenanstalt der Marines. Ein durchaus nicht idiotensicheres, kümmerliches Notverdeck, keine Klimaanlage. Auch Tempomat oder Sicherheitskomponenten wie Airbag oder ABS fehlten. Die Sitze waren eng, man fühlte sich wie in einer Zwangsjacke. Die »Süddeutsche Zeitung« stellte fest: »Am besten ist der Viper wohl als Sechstwagen in der Garage eines autophilen Millionärs in Malibu aufgehoben.« Und ein deutscher Fachjournalist meinte, der Viper sei das überflüssigste Auto der Welt. Zugegeben: wir brauchen andere Autos als dieses, aber als brutales »Muskel-Auto«, das nichts anderes ist als machohafter Selbstzweck, hinterläßt auch der aktuellste »Viper«, der Typ RT/10, mit jetzt 420 PS Leistung nachhaltigen Eindruck.

Giftig wie sein Name: Chrysler Viper von 1995. Ein V-Zehnzylinder mit acht Litern Hubraum und 394 PS Leistung.

Citroën
Wechselbäder einer großen Marke

André Citroën gehörte zur zweiten Generation der französischen Autopioniere. Sein Handwerk hatte er bei der Firma Mors gelernt, die bereits vor der Jahrhundertwende exzellente Fahrzeuge baute. Sie gehörten zu den fortschrittlichsten ihrer Zeit und waren bis zum Ersten Weltkrieg in vielen internationalen Wettbewerben sehr erfolgreich. Citroën hatte also eine gute Schule hinter sich und sah seine Zukunft zunächst im Bau von wichtigen technischen Komponenten. So gründete er 1913 eine Zahnradfabrik, wo er sogenannte winkelverzahnte Räder aus Stahl baute. Die Winkel ermöglichten einen besonders geräuscharmen Lauf der Räder. Sechs Jahre später baute er sein erstes Auto und sein Markenlogo, der »Double Chevron«, der Doppelwinkel, sollte die Philosophie des Hauses symbolisieren: Autos auf technisch hohem Niveau und dennoch erschwinglich.

1921 hatte Citroën bereits 10 000 Autos gebaut, und seine Fertigungsmethoden – in Amerika erlernt – zählten zu den fortschrittlichsten in Europa. Er kaufte auch dazu: Clément-Bayard und 1925 Mors. Im Jahr 1934 stellte André Citroën seinen revolutionären 7 CV, den Traction Avant, vor. Schon von 1934 bis 1940 wurde dieser legendäre Frontantriebswagen in 21 verschiedenen Versionen gebaut und nach dem Zweiten Weltkrieg ging die Produktion weiter. Jetzt kam der Traction Avant durch Romane Maigrets und durch Filmrollen, in denen Lino Ventura und Charles Vanel finster aus den Fenstern blickten, zum Titel »Gangsterauto«, das selbst bei den verwegensten Verfolgungsjagden unerschütterlich wie ein Brett auf der Straße lag.

Und dann kam 1948 ein Modell aus den Citroën-Werkshallen auf Europas Straßen, dessen Häßlichkeit zum Himmel schrie: der Typ 2 CV, die »Ente«, wie das »Gangsterauto« mit Frontantrieb genannt wurde.
Sieben Jahre später schlug das Citroen-Imperium wieder zu: 1955 sorgte der Typ DS, später »Die Göttin« genannt, auf den internationalen Autosalons für Aufsehen. Vom Motor her bot er mit seinem Vierzylinder nichts Besonderes, aber in vielen anderen Bereichen war er allen anderen Autos der Welt hinsichtlich technischer und avantgardistischer Konstruktionsmerkmale haushoch überlegen. Er war zu seiner Zeit sicherlich das fortschrittlichste Auto der Welt. Der DS – und später die Versionen 19, 21 und 23 – war ein Schocker im wahrsten und positivsten Sinn des Begriffs. Fürs Auge ungewöhnlich in einer Ära des schwülstigen Blechbarocks, technisch zukunftsweisend und heute noch, nach mehr als 40 Jahren, in vielen Details geradezu ein Lehrstück für konservative Autokonstrukteure. Da waren vor allem die Luft/Gas-Federung für die vier einzeln aufgehängten Räder, die automatische Kupplung, die hydraulische Getriebebetätigung, das neuartige hydraulische

Die »Göttin«: der DS 19 von 1955 (oben u. Seite 53)

Citroëns Staatsauto Presidentiale von 1970 (unten)

Der Traction Avant, gebaut von 1934 bis 1957 (oben rechts)

Bremssystem, die hydraulische Servolenkung, eine zusätzliche mechanische Pedalbremse und vieles mehr. Auf den Rücksitzen war reichlich Platz für Passagiere mit langen Beinen, wie Präsident de Gaulle. In seiner gepanzerten Langfassung der »Göttin« überlebte er zwei Attentate. Dieses »Jahrhundertauto« wurde bis 1975 gebaut.

Aber nicht genug damit: Aus der Liaison zwischen Citroën und Maserati Ende der sechziger Jahre entsprang eine weitere Extravaganz auf vier Rädern, der Typ SM. Die Fachzeitschrift »mot« blickte 1990 zwanzig Jahre zurück und erinnerte sich: »Extravagante Modelle brachten nur selten geschäftlichen Erfolg. Dieser Satz gilt auch für den Citroën SM, der zu Beginn der siebziger Jahre wie ein Technik-Komet am Autohimmel emporstieg und bereits 1975 – nach nur 12 920 Einheiten – verschwand. Zum Traumwagen wurde der SM durch Design und Komfort, zum Alptraum durch den unzuverlässigen V6-Maserati-Motor, der Werkstätten und Käufer fast zur Verzweiflung trieb. Erstmals tauchte hier ein reinrassiger italienischer Sportmotor in einem französischen Serienauto auf. Nachdem im Jahr 1974 Citroën von Peugeot übernommen und die Produktion des SM eingestellt wurde, löste sich die französisch-italienische Verbindung wieder auf.

Chevrolet Corvette
Das Power-Auto Amerikas

Die Corvette ist eine der großen Erfolgsgeschichten der amerikanischen Automobil-Industrie. Der Sportwagen gesellte sich 1953 zu einem Chevrolet-Angebot, das auf drei Serien mit sechzehn Modellen in acht verschiedenen Karosserieausführungen angewachsen war. Die Corvette war von der Optik her ein echter zweisitziger Sportwagen in einem Stil, den die Amerikaner aufregend und zünftig fanden; sie erkannten sogar einen italienischen Einfluß im Karosserie-Design, was zweifellos sehr schmeichelhaft war, denn man vergleiche ihn nur mal mit einen Ferrari Typ 340 MM aus demselben Jahr. In Deutschland stand der Mercedes-Benz 300 SL kurz vor der Vollendung, und Porsche präsentierte zur gleichen Zeit den 1500 RS Spider 550. Jedenfalls hatte Harvey Earl, Chefdesigner von General Motors, mit der Corvette den Erfolg auf seiner Seite. Der Wagen besaß eine niedrige Panoramascheibe, in die Kotflügel versenkte Scheinwerfer und ein futuristisch anmutendes Armaturenbrett. Die Corvette wurde zunächst von einem 3,9-Liter-Sechszylinder mit 152 PS Leistung angetrieben, der einem automatischen Powerglide-2-Ganggetriebe gehorchte. Der Kastenrahmen mit Kreuzverstrebung, der den »normalen« Chevrolets ebenso entsprach wie die Aufhängungselemente, war technisch nichts Besonderes. Ein Schritt in technisches Neuland war dagegen die Fiberglas-Kunststoffkarosserie, die damit zum ersten Mal in größerer Stückzahl in Serienfabrikation ging.

Die Corvette, Jahrgang 1996:
Das große Foto und die Details zeigen
den sportlichen Amerikaner mit der
Kunststoff-Karosserie.

Aus dem als Kleinserien-Wagen gedachten Sportwagen wurde bald ein Verkaufsrenner. Bis Ende 1954 erreichte die erste Serie eine Stückzahl von 4.640 Exemplaren. Ab 1955 war die Corvette auch mit einem V8-Motor und 162 PS Leistung zu haben.
Harvey Earl modifizierte und modellierte die Karosserie der Corvette immer aufs Neue, die Motorleistung stieg ständig, und in einigen Modellen gab es schon Benzineinspritzung. Das 5,3-Liter-Aggregat von 1962 erreichte auf diese Weise eine Leistung von 360 PS. Bei der Corvette verhielten sich die Automatik-besessenen Amerikaner untypisch: 1961 orderten zum Beispiel 85 Prozent der Käufer das manuell zu schaltende Getriebe und optierten darüber hinaus für vier Vorwärtsgänge.
Das von Harvey Earl beeinflußte Styling der Karosserie hatte sieben Jahre dominiert. Sein Nachfolger Bill Mitchel führte die Typenbezeichnung »Corvette Stingray« (»Stachelrochen«) ein, womit er sicherlich Aggression und Power der Corvette suggerieren wollte. Von seinem Power-Image hat dieses amerikanische Erfolgsauto bis heute nichts eingebüßt.
Was wenig bekannt ist: 1973 überraschte Chevrolet mit einer Wankel-Corvette, dem ersten Kreiskolbenauto des US-Giganten. Es war die erste Corvette mit einer Blechkarosserie – von Chevrolet entworfen und von Pininfarina gebaut. Dieser Typ ging jedoch nie in Produktion.

Das große Bild zeigt die Corvette des Modelljahres 1958:

links unten ist eine Corvette aus dem Jahr 1953 zu sehen.

Die Bilder ganz links haben symbolischen Charakter: Sie präsentieren die Corvette als eine nationale Ikone.

Delahaye
Vom häßlichen Entlein zum schönen Schwan

Diese französische Edelmarke gehört zu den traditionsreichsten und geschichtsträchtigsten in der Historie des Automobils. Die Familie Delahaye machte sich schon 1845 einen Namen, als sie eine Maschine zur Produktion von Ziegelsteinen entwickelte. Einer der Söhne, Emile, leitete in den 80er Jahren des vorigen Jahrhunderts als Chefingenieur eine französisch-belgische Firma, die Eisenbahnwaggons baute. Im Jahr 1890 übernahm er eine Firma in Tours, die Dampfwagen produzierte. Sie wurde zur Ausgangsbasis für seine Laufbahn als Automobilkonstrukteur. Seine ersten Wägelchen lehnten sich eng an die Benz-Wagen an, mit Riemenantrieb, 1 und 2 Zylindern und Motor im Heck. Im Jahr 1898 wurde die Produktion nach Paris verlegt, und es trat ein Mann in die Firma ein, der fortan zur grauen Eminenz von Delahaye werden sollte: Charles Weiffenbach, fortan nur »Monsieur Charles« genannt. Er initiierte den Bau von drei Modellen: zwei Zweizylindern, mit 4,5 und 6,5 PS Leistung, und einem 1,4-Einzylinder (Typ Zero). Sie kamen zur Jahrhundertwende auf den Markt. Alle drei Modelle hatten den wassergekühlten Motor im Heck. Delahaye wagte sich dann an große Motoren, darunter ein Vierzylinder mit 8 Litern Hubraum, dessen Reizen auch der spanische König erlag. Die deutsche Firma Protos baute 1907 Delahayes in Lizenz nach. Nach dem Ersten Weltkrieg verlegte sich die Firma vor allem auf den Bau von Lastwagen, Traktoren und Motoren für Löschfahrzeuge und begrenzte die Produktion von Personenwagen auf einige Modelle, die mit Motoren mit vier Zylindern (1.847 ccm und 2.950 ccm) und sechs Zylindern (4.426 ccm) ausgestattet waren. Von Autohistorikern werden die Delahaye-Personenwagen der zwanziger Jahre als »spießig, verläßlich und uninteressant« eingestuft (Michael Sedgwick). Das änderte sich, als Delahaye 1935 eine andere französische Traditionsmarke übernahm - Delage. Die brutal-schönen Delages wurden weitergebaut, und Delahaye selber engagierte sich intensiv in Sportwagenrennen.

Hier war es vor allem die Version »Compétition« des Typs 135, die erfolgreich war: zweiter und dritter Platz hinter einem Bugatti 57S in Le Mans 1937 und dritter Platz hinter zwei Alfa Romeos 2900 A bei der Mille Miglia. Auf der Basis des Typs 135 entstanden aber auch hinreißend schöne Cabriolets und Sportroadsters, zum Teil von Henri Chapron karossiert. Aber auch Figoni & Falaschi, Graber und Letourneur & Marchand modellierten Delahayes. So entstanden Autos, die man zu den elegantesten der dreißiger und vierziger Jahre rechnen muß. Aber wie anderen französischen Luxus- und Edelmarken auch ging Delahaye in den fünfziger Jahren die Luft aus. 1954 wurde die Firma von Hotchkiss aufgekauft und von diesem Zeitpunkt an beschränkte man sich auf die Produktion von Lastwagen. Das Markenzeichen blieb nur noch einige Monate bestehen, bevor es durch das Firmenemblem von Hotchkiss ersetzt wurde.

Delahaye 135 MS von 1947 mit einer Karosserie von Henri Chapron.

De Tomaso
Ein Auto, das nicht unterging

Als der 28jahrige Argentinier Alejandro de Tomaso 1955 nach Italien kam, dem Land seiner Vorfahren, war er entschlossen, Rennfahrer zu werden. Das südamerikanische Land hatte er verlassen, weil er mit dem Regime von Diktator Perón nicht einverstanden war. Mit einem alten Bugatti hatte er Rennerfahrung gesammelt, und so war es kein Wunder, daß er bei den Maserati-Brudern als Test- und Rennfahrer anheuerte. Hier lernte er auch seine spätere Frau, die Amerikanerin Isabelle Haskel, kennen. Es war wohl auch das Geld der Millionärin, das dazu führte, daß De Tomaso 1959 in Modena, 20 km vom Ferrari-Sitz in Maranello entfernt, die Rennwagenfirma De Tomaso Automobili gründete. Mit Motoren von O.S.C.A., Maserati, Alfa Romeo, Fiat, Ford und DKW baute De Tomaso bis 1966 technisch hochkarätige Renn- und Rennsportwagen. 1962 präsentierte er einen eigenen Acht-Zylinder-Boxermotor, drei Jahre später einen Vierzylinder-Boxer. Tragisch endete 1970 der Versuch, in der Formel 1 Fuß zu fassen, als beim Großen Preis von Holland der englische Bier-Erbe Piers Courage in einem De Tomaso-Ford verbrannte.

Mehr Erfolg hatte der Exil-Argentinier mit seinen Sportwagen, wie 1953 mit dem kleinen Typ Vallelunga, in fortschrittlicher Mittelmotor-Bauweise. Das Vierzylinder-Triebwerk stammte aus dem Ford Cortina. Als interessantes Design-Konzept erwies sich der von Giorgio Giugiario 1966 gezeichnete Typ Mangusta, mit Flügeltüren über dem Heck. Er zählte - sicherlich zu den Meilensteinen des modernen Automobil-Designs.

Aber all diese mutigen Unternehmungen waren wenig profitabel, wie so oft bei den exklusiven, kleinen Autoproduzenten. So richtig Geld für de Tomaso brachte dann der Typ Pantera, gebaut bei de Tomasos Karosseriefirmen Ghia und Vignale. Seine Power stammte von einem simplen Ford-V8-Motor mit 5,8 Litern Hubraum, bis zu 350 PS Leistung und einer Höchstgeschwindigkeit von 220 bis 256 km/h – je nach Modellvariante. So nebenbei schmückte sich die Elite-Firma noch mit der sportlichen Luxuslimousine Deauville (1970 - 1985) und mit dem zweitürigen Typ Longchamp (1972 - 1989). Beide kamen auf insgesamt 653 verkaufter Exemplare. Ein Verkaufsrenner war dagegen der Pantera mit insgescmt 7260 Exemplaren. Seit 1993 baute der letzte unabhängige Autoproduzent Italiens den potenten Mittelmotor-Sportwagen Guara als Coupé und als offene Barchetta, angetrieben von einem BMW-V8-Motor mit vier Litern Hubraum und 304 PS.

Neueste Kreation: Das Bigua genannte viersitzige Cabrio-Coupé soll dank eines erschwinglichen Preises größere Stückzahlen erzielen. Ein 286 PS storker V8-Motor von Ford wird den Gran Turismo antreiben.

Alejandro De Tomasos Meisterstück: der Typ Pantera von 1978.

Ferrari
Wovon Männer träumen

»Wer nie einen Ferrari gefahren hat, der weiß nicht, wie schön das Leben sein kann.« – Sprüche und Slogans wie diesen gibt es zu Hunderten, und auch sie haben zum Ferrari-Mythos beigetragen, gemeinsam mit den circa 400 Büchern über die Edelmarke aus Norditalien.

In Verbindung mit Ferrari wird der Begriff »Mythos« geradezu inflationär verwendet. Im Wörterbuch wird er als »Legende zu einer historisch bedeutenden Person oder Begebenheit« definiert. Nun gut – der große Geheimnisvolle aus Modena war bis zu seinem Tod 1988 eine nationale Identifikationsfigur, in seiner Ausstrahlung nur noch vergleichbar mit dem italienischen Freiheitshelden Giuseppe Garibaldi. Und auch der Ehrentitel »Il papa di Formula uno« wurde ihm zugeordnet, obwohl – längst sind die Zeiten vorbei, in denen die Boliden aus Maranello für die Weltmeisterschaft in der Formel 1 in Frage kommen: neun Mal gewannen sie den Titel und siegten auch neun Mal in Le Mans. Daß es 1996 auch Michael

Schumacher nicht schaffte, Ferrari wieder in den Olymp des Gran-Prix-Sports zurückzuführen, ist für die italienischen Ferraristi eine Tragödie. Bis zum Zweiten Weltkrieg hatte Enzo Ferrari fast zwanzig Jahre lang die Modellpolitik von Alfa Romeo maßgebend beeinflußt – als Rennfahrer, Manager und als Rennleiter. Er kannte sich in den Intrigen- und Strategiespielen des internationalen Motorsports gut aus und bewegte sich souverän unter seinesgleichen. Dennoch konnte und wollte er seine provinzielle Herkunft nicht verleugnen. Ferrari wäre in einer anderen italienischen Landschaft als der Emilia Romagna mit ihren Tausenden von kleinen, aber höchst produktiven mittelständischen Betrieben kaum vorstellbar gewesen. »Fast alles, was Italien berühmt gemacht hat, kommt von hier – Verdi und Maserati, Parmesankäse, Parmaschinken, Mortadella, Tortellini, Federico Fellini, Luciano Pavarotti, Arturo Toscanini ...«, schrieb ein deutsches Motormagazin.

Ferrari 512 M von 1996 mit V12-Motor (oben);

die jüngste Kreation: der Maranello von 1996 (links)

63

Aus der Urbanität und Kreativität dieser Region bezog Ferrari seine Kraft. Das erste unter seinem Namen gebaute Auto, der Typ 125 von 1946 läutete eine neue Epoche im Sportwagenbau ein. Es war nicht nur der schmuseweich laufende kleine 1,5-Liter-Zwölfzylinder, der faszinierte, sondern auch die »eingebaute« Erotik, die von Anfang an die Aura der Ferraris bestimmte. So galt der legendäre 250 GTO von 1963 als Phallus auf Rädern, ein Ruf, den man heute, wenn man dieses Auto auf Auktionen ersteigern wollte, mit 15 Millionen Mark honorieren müßte. Auf Enzos Autos trifft das alte deutsche Sprichwort zu: »Wie der Herr, so's G'scherr!« Der Meister, der die Anrede Commendatore gern hinnahm, soll ein ganz umtriebiger »womanizer« gewesen sein, wie der amerikanische Autor Brock Yates in einer Ferrari-Biographie immer wieder betont. Ferraris sind potente, durchgestylte Macho-Autos, nach Maß gemacht für Fahrer, die auf der linken Autobahnspur ihre Libido ausleben wollen. Der kleine Zwölfzylinder von 1946 begründete die jahrzehntelange Tradition der Zwölfzylinder, die auch von

ihrem Anblick her höchsten ästhetischen Anforderungen genügen. Automobilbau als Kunstform.
Eine Weiterentwicklung des Typs 125, der Typ 159, gewann die 24 Stunden von Le Mans, und es folgten weitere 8 Siege bei diesem Langstreckenrennen. Seitdem ist die Marke Ferrari eine feste Größe im internationalen Motorsport. mit weit über 5.000 Siegen. Der österreichische Motorjournalist Hans-Karl Lange schrieb über Ferraris Strategie, die Akzente zu setzen: »In den Jahren vor dem Einstieg von Fiat im Jahr 1969 waren die Straßensportwagen für den Commendatore kaum viel mehr als ein notwendiges Übel, das Geld in die Kriegskasse bringt. Neue Entwicklungen in den Grand-Prix-Boliden kommen zunächst den Rennsportwagen zugute, danach den Straßenautos. In dieser Reihenfolge kommt wiederum dem Motor die zentrale Bedeutung zu. Ferrari hat von Anfang an den Ruf, tolle Motoren zu bauen und primitive Fahrgestelle daran zu hängen.

Ferrari 375 F 1 von 1951 mit V12-Saugmotor (links); der legendäre Testarossa von 1959 (oben)

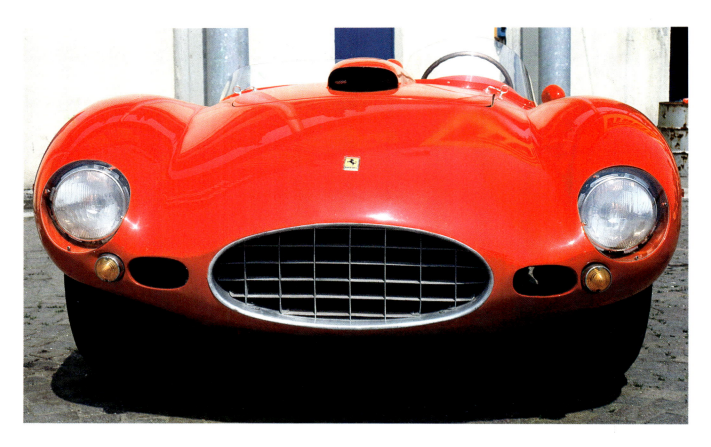

Das Ganze wird dann bei auswärtigen Karosserieschneidern eingekleidet, wobei Ferrari ein attraktives Erscheinungsbild immer wichtiger ist als fortschrittliche Technik oder erstklassige Qualität. Die frühen Straßensportwagen von Ferrari waren kaum mehr als ein Abfallprodukt der Rennwagenentwicklung.«
Jedoch sollte man den Ferrari-Mythos nicht nur über die Formel-1-Wagen definieren, so sehr sie auch die Emotionen der Fans anfachen.
Enzo Ferrari hat von Anfang an eine Reihe hinreißend schöner Straßen- und Rennsportwagen gebaut, und deren Triebwerke sind Ikonen des Futuristischen, seien es die wuchtigen V12- oder die V8-Motoren.

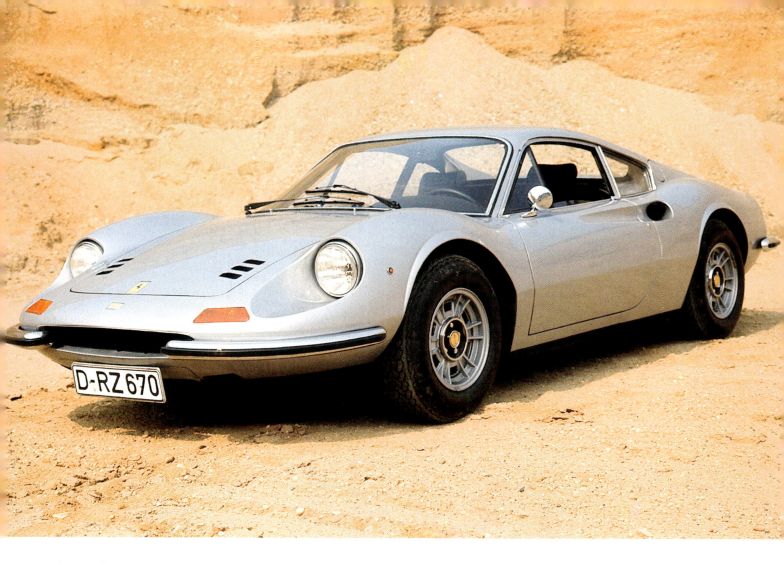

Linke Seite: der Ferrari 375 MM von 1954; sein V12-Motor mit 4,5 Litern Hubraum leistet 290 PS, darunter das Cockpit des 375 MM.

Den Wettbewerb mit Porsche hatte Enzo Ferrari im Auge, als er den Dino (oben und rechts) vorstellte: In der Tat wurde der Wagen mit seinem 2,4-Liter-V6-Motor ein wirtschaftlicher Erfolg. Im Jahre 1972 erschien auch eine Spyder-Version des Dino mit einem Hardtop.

Genau 21 Jahre liegen zwischen diesen Ferraris:
der 250 LM (Le Mans) kam 1963 heraus, neben ihm der
wuchtige Testarossa von 1984. Das mittlere Bild unten
zeigt den Motor des 250 LM.

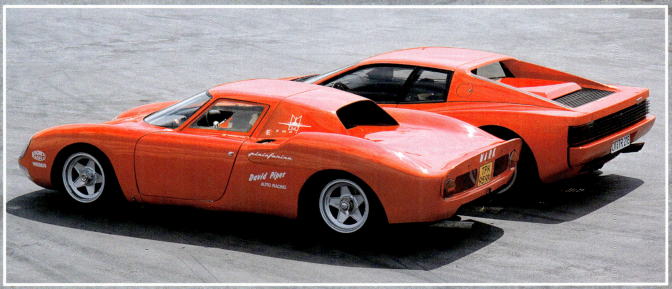

Ferrari war kein fanatischer Anhänger der These, daß die Form der Funktion zu folgen habe.

Ein professionelles Marketing gab es erst etwa ab 1969, nachdem Fiat sich um das profitable Geschäft mit den Straßensportwagen kümmerte. Der Rennstall hörte weiterhin auf das Kommando des greisen Maestros. Es gibt unzählige Geschichten darüber, wie hart Enzo mit seinen Rennfahrern ins Gericht ging.

Niki Lauda nannte ihn »eine Pracht von einem Tyrannen«, und »es geht in Maranello zu wie bei den Borgias«, mokierte sich ein englischer Journalist. Das blieb so bis zu Enzos Ferraris Tod am 14. August 1988. Er hatte angeordnet, daß sein Ableben erst dann bekannt gegeben werden dürfe, wenn er bereits neben seinem Vater in der Krypta auf dem Friedhof von San Cataldo bestattet war. Es gab kein Turbo-Tedeum an seinem Grab.

Die heutige Modellpalette von Ferrari gehorcht zwei grundverschiedenen Prinzipien. Der Typ F 355 mit 3,5-Liter-V8-Motor und der F 512M als Nachfolger des Testa Rossa mit 5-Liter-V12-Motor werden von einem Mittelmotor angetrieben, während der außergewöhnlich schicke viersitzige Typ 465 GT das Ideal des klassischen Gran Turismo wieder aufleben läßt, und zwar mit einem ganz neuen Zwölfzylinder, der mit seinem Hubraum von 5475 Kubikzentimetern 442 PS leistet. Wer diese Schönheit erwerben möchte, sollte bereit sein, sich von ungefähr 370 000 Mark leichten und beschwingten Herzens zu trennen. Denn wie verkündete doch Ferraris Geschäftsführer in Deutschland, Maurizio Parlato: »Ein Ferrari ist die Eintrittskarte in eine besondere Welt.«

Ferrari F 40 mit V8-Motor und zwei Abgas-Turboladern aus dem Jahre 1987. Manchen ist der Wagen zu wenig Ferrari, zu kraftbetont und unelegant. Der bewußt spartanisch ausgestattete Wagen bringt es mit 478 PS immerhin auf 321 Stundenkilometer; und wem das noch nicht reicht, kann sie um 200 weitere Pferdestärken aufstocken lassen.

Ford

Donnervögel und wilde Pferde

Der amerikanischen Automobilindustrie hat es nie an Selbstbewußtsein gefehlt. So tönte es aus Detroit: »Was gut ist für General Motors, ist gut für Amerika.« Doch nach dem Zweiten Weltkrieg gab es doch eine Reihe von Auto-Turbulenzen, die ihren Ursprung in Europa hatten. Dort waren Individualisten am Werk, die vor allem auf dem Sportwagensektor zu Trendsettern wurden, wie Alfa Romeo, Aston Martin, Ferrari, Jaguar, Mercedes-Benz und Porsche – um nur einige zu nennen. Sie fanden mit ihren Autos schnell eine betuchte Klientel in den USA und brachten die Detroiter Autobauer in Zugzwang. Chevrolet versuchte 1953, mit der Corvette zu kontern, einem verhältnismäßig kleinen sportlichen Zweisitzer mit Kunststoff-Karosserie, und wurde von Ford mit Spott und Hohn übergossen. »Plastikspielzeug« und ähnlich hieß es in hämischen Pressekommentaren. Ford hielt 1955 mit dem Thunderbird dagegen, denn es war ein unge-

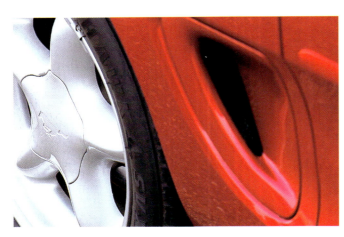

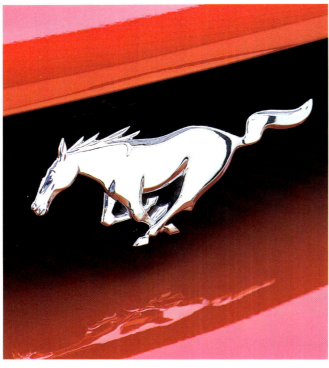

schriebenes Marktgesetz in Detroit, daß die Konkurrenten Chevrolet und Ford jedem Modell des anderen sofort ein entsprechendes entgegensetzten. Also Corvette gegen Thunderbird.
Letzterer war Marilyn Monroes Lieblingsauto und hatte von Anfang an einen V8-Motor, während die Corvette zunächst einmal mit einem Sechszylinder startete und erst zwei Jahre später mit einem Achtzylinder gleichzog. Die 195 PS des Thunderbird stammten aus einem Motor, wie er in seiner Basisversion für die Modelle Lincoln, Mercury und andere Ford-V8-Typen entwickelt worden war. So war die Fahrcharakteristik des Thunderbird, was den Motor anbetraf, nicht »sportlich-bissig«, sondern eher elastisch, geräuschlos, unverwüstlich, komfortabel. Da man bei 195 PS nicht an Gewicht sparen mußte, konnte der sportliche Fahrer auch im »T-Bird« alle technischen Bequemlichkeiten genießen, die ihm sonst ein Tourenwagen bietet: das 3-Gang-Getriebe mit automatischem Schnellgang oder – auf Wunsch – das vollautomatische Fordomatic-Getriebe mit hydraulischem Drehmomentwandler. Mit einem Hardtop ließ sich das Cabrio in ein formschönes Coupé verwandeln. Überzeugend »sportlich« ist freilich der Aufbau.

Kann auf eine lange Tradition zurückblicken: der Mustang von 1995

73

*Ob mit Sechszylinder- oder V8-Motor –
der Mustang war lange Zeit eines der beliebtesten
Autos der Amerikaner.
Das Cabrio vor der Koppel ist ein Mustang aus dem
Jahre 1964.*

Die erste Karosserie in ihrer heute als geradezu klassisch erscheinenden Schnörkellosigkeit war für Detroiter Verhältnisse geradezu sensationell und avantgardistisch. Autohistoriker sind sich heute darüber einig, daß die Linienführung des ersten »T-Bird« die nachfolgenden Karosserien des internationalen Automobilbaus stark beeinflußt hat. Im Jahr 1958 wurde aus dem schlanken Zweisitzer ein Viersitzer, V8-Motoren gab es nach wie vor mit bis zu 7 Litern Hubraum und 355 PS Leistung. 1959 wurde aus der Typenbezeichnung Thunderbird ein Markenname im Ford-Konzern. In all den folgenden Jahren der Typ-Evolution war der Thunderbird ein Hit.
Heute ist er längst ein luxuriöser Reisewagen geworden – mit einem 4,6-V8-208-PS-Motor.
Die Ford-Bosse, darunter Lee Iacocca, stach nach dem Thunderbird-Erfolg der Hafer. Es mußte ein Auto her, das sportlich anmutete, aber vom Charakter her doch mehr ein Familiengefährt war. So entstand 1964 der Mustang. Im europäischen Sinn war das kein Sportwagen, aber immerhin standen Motoren vom 2,8-Liter-Sechszylinder mit 101 PS bis zum 4,7-Liter-Hi-Performance-V8 mit 275 PS zur Wahl. Seine relativ niedrige Silhouette mit der langgezogenen Motorhaube und dem eher kurzen hinteren Übergang wurde zur Richtschnur für das US-Autodesign. Auch die Autofans in Europa freundeten sich mit dem Mustang an. Wenn sich versierte Tuner um den Wagen bemühten, konnte der Mustang durchaus in Renneinsätzen mithalten, so etwa bei der Tour de France.

Ford GT 40 in der Straßenversion von 1966.
rechts: der Shelby GT 500, er entstand auf Mustang-Basis im Jahre 1969.

Ford Thunderbird von 1956 (oben) und darunter ein Mustang-Convertible aus dem Jahr 1964

Im Modelljahr 1965 präsentierte Ford eine besonders attraktive Fastback-Version. Wenig später wagte Ford noch einen Schritt mehr: Der Auto-Koloß, dem man wegen seiner Größe vielfach Unbeweglichkeit attestiert hatte, heuerte Carroll Shelby an. Der Hühnerfarmer aus Texas, der schon mit seiner Kreation AC Cobra Aufsehen erregt hatte, erhielt von Ford zunächst 600 Mustang-Fastbacks in »Wimbledon-White« – ohne Motorhaube und ohne Rücksitze. In seinem Hangar in Los Angeles zauberte der Meister-Tuner daraus den weißen Shelby GT 350 mit den zwei dicken blauen Längsstreifen. Hinzu kamen eine Stauhutze auf der Motorhaube, eine Reserveradmulde statt der hinteren Sitze, Sportlenkrad und Zusatzinstrumente. Vor allem aber leistete der 4,5-Liter-Motor nach Shelbys Kur nicht weniger als 285 PS; in der eigentlichen Rennversion standen gar 330 PS zur Verfügung.

Ihm folgte Mustang/Shelby GZ 500 mit 7-Liter-V8-Motor, der 400 PS leistete und eine Höchstgeschwindigkeit von 240 Stundenkilometern erreichte. Shelby hatte aus dem grundsoliden, sportlich anmutenden Familien-Mustang potente Rennmaschinen gemacht. Sie waren in der TransAm-Serie »Mustangs« viermal in fünf Jahren erfolgreich, wobei vor allem der amerikanische Fahrer Jerry Tuts brillierte.

Firmenchef Lee Iacocca sonnte sich mit Recht im Mustang-Erfolg. Er hatte den Markt genau richtig eingeschätzt; der Mustang war das Produkt exakter Marktanalysen. Vom Mustang wurden bis Mitte der 90er Jahre 7,1 Millionen Exemplare, vom Thunderbird 4,2 Millionen gebaut.

Der Frazer-Nash von 1964 ist ein Lizenz-Nachbau des BMW 328 von 1938.

Frazer-Nash
Eine bayerisch-britische Kooperation

Frazer-Nash zählte zu jenen zahlreichen englischen Sportwagenfirmen, die von autoverrückten Individualisten über Jahrzehnte hinweg mühsam am Leben gehalten wurden. Was dabei herauskam, waren zum Teil absonderliche Autos. Der britische Captain Archie Frazer-Nash (daher AFN als Firmenname) begann 1924, Sportwagen unter eigenem Namen zu bauen, nachdem er ab 1910 zusammen mit seinem Partner H. R. Godfrey bereits sogenannte »Cyclecars« (mit Speichenrädern) produziert hatte. Für seine Frazer-Nash-Autos verwendete er Einbaumotoren anderer Hersteller (zum Beispiel Anzani, Meadows – und ab 1934 auch BMW, wie etwa den Motor des BMW 319).

Typisch für die frühen Frazer-Nash-Sportwagen war das auffällige, ungewöhnliche Antriebssystem. Für jeden der drei Vorwärtsgänge gab es einen eigenen Kettenantrieb. Einen Frazer-Nash in voller Aktion zu erleben, war immer wieder ein erheiterndes Vergnügen. Es ratterte, klapperte und quietschte im Antriebsbereich, daß es eine wahre Freude war. Dennoch waren die Kettenautos gefürchtete Teilnehmer bei Rennen im In- und Ausland. Als F. J. Aldington im Jahr 1929 Eigentümer von AFN wurde, wendete sich das Blatt. Er wurde 1934 BMW-Importeur für Großbritannien und konnte nun leicht leistungsfähige BMW-Motoren akquirieren, wie das 1,5-Liter-Aggregat des Typs 319. Dieser Deal führte zu einer äußerst fruchtbaren Zusammenarbeit zweier grundverschiedener, aber auch erfolgreicher Sportwagenbauer.

Der letzte Frazer-Nash nach altem Muster wurde 1939 gebaut. Nach dem Krieg tauchte der Markenname erneut auf. Aber dieses Mal verbarg sich unter der Motorhaube ein waschechter BMW-Vorkriegsmotor vom Typ 328, mit 2 Liter Hubraum und 80 PS Leistung. Direkt nach dem Krieg war Aldington nämlich nach München eingeflogen und lud bei BMW ein, was er kriegen konnte. All das ging freundschaftlich zu. Er nahm auch gleich den BMW-Konstrukteur Fritz Fiedler mit, der zuerst bei Aldington, später bei der Marke Bristol wirkte. Auch diese benutzte den BMW-Vorkriegsmotor. Daß Aldington sich legitimiert fühlte, in München abzusahnen, hatte verschiedene Gründe. 1939 hatte er in Hamburg an einem Stadtpark-Rennen teilgenommen, wobei er seinen BMW 328 Mille Miglia beschädigte. Er lieferte das Unfallauto in München zur Reparatur ab. Bevor er ihn abholen konnte, brach der Krieg aus. Nach dem Krieg frischte er seine guten, freundschaftlichen Beziehungen zu BMW wieder auf und nahm als Entschädigung für sein Unfallauto einen anderen Mille-Miglia-BMW mit auf die Insel. Der hier abgebildete Frazer-Nash-BMW, Fahrgestell-Nummer 85411, basiert auf einem 1939 gelieferten Chassis. Der Karosserie-Aufbau erfolgte 1946 durch Frazer-Nash nach BMW-Plänen. Basis war der BMW Typ 328. Der letzte Frazer-Nash-BMW kam 1959 auf den Markt.

Isdera
Das Auto als Maßanfertigung

In Deutschland werden 1996 zirka 4,4 Millionen Personenwagen und Kombis gebaut, vom biederen Kleinwagen bis zur potenten Luxuslimousine. Da bleibt kein Autowunsch unerfüllt. Und dennoch gibt es einen deutschen Autoproduzenten, der die hektische Hechelei um Umsatz und Stückzahlen nicht mitmacht und der nicht den Massengeschmack bedient. Bei ihm kann man auch nicht einfach in den Verkaufsraum gehen und ein Auto erwerben. Nein – Eberhard Schulz, Inhaber der Firma Isdera, arbeitet nur auf Bestellung.

Wer Schulzes Spitzenmodell, den Commendatore 112i, in seinen Fuhrpark einbringen möchte, der muß zunächst einmal ein Drittel des Verkaufspreises von 800 000 Mark auf den Tisch blättern, Bankauskunft inbegriffen. Erst dann fangen die Leonberger mit dem Bau an.
Eberhard Schulz ist durch die harte Porsche-Schule gegangen, zunächst als Studio-Ingenieur, dann im Fahrversuch.
Im Jahr 1981 wagte er den Sprung in die Selbständigkeit, mit seinem Ingenieurbüro für Styling, Design und Racing GmbH (abgekürzt ISDERA). Zwei Jahre später stellte er erstmals Mitarbeiter ein und gründete die heutige GmbH. Auf dem Genfer Salon 1983 zeigte er sein erstes »Serienauto«, den spyder 036i. Es war ein kompromißloser, offener Mittelmotor-Roadster, mit Mercedes-Benz-Sechszylindermotor. Ein Jahr später folgte der imperator 108i, ein hinreißendes schönes Flügeltüren-Coupé mit Mercedes-Benz-V8-Triebwerk. Und auf der IAA Frankfurt 1993 dann die Krönung der Schulz´schen Produktionsphilosophie: der Commendatore 112i, angetrieben vom V12-Motor der Mercedes-Benz-S-Klasse.
Diese Autos waren die Kür; möglich waren sie nur dank der Pflicht – der Entwicklung von Prototypen und Einzelstücken – mit der gutes Geld zu verdienen war. Die Liste der Auftraggeber reicht von BMW bis Opel und sogar bis China. Schulz erinnert sich: »Oft haben wir als Ent-

wickler und Designer Feuerwehr gespielt, mit kleinen Produkten bis hin zu kompletten Autos.«

Maßarbeit bis ins kleinste Detail ist Schulzes Grundsatz bei der Kreation seiner exklusiven Autos. Sitzhöhe, Sitzstellung, Lenkung und Pedalerie werden den Körpermaßen des Käufers angepaßt. So gehen schon vier bis fünf Monate ins Land, bis das handgefertigte Meisterwerk mit glasfaserverstärkter Kunststoffkarosserie und Rohrrahmenchassis fertig ist. Während VW in Wolfsburg täglich 2 700 Autos baut, hat Eberhard Schulz 13 Jahre gebraucht, um 48 IS-DERAS zu produzieren: 17 vom spyder 036i, 30 vom imperator 108i und vom Topmodell Commendatore 112i immerhin ein Exemplar.

Isdera Commendatore 112i von 1993 (linke Seite) und unten: der Isdera Imperator von 1984

Iso
Gran Turismo der kraftvollen Art

Stellen wir eines zu Anfang klar: Die Marke, von der hier die Rede ist, heißt Iso und ihre Autos Rivolta, Grifo, Fidia, Lele. Ihr Gründer war der Italiener Renzo Rivolta. Er verdiente sein Geld mit dem Bau von Kühlschränken, Motorrollern und ab 1954 einem winzigen Zweisitzer auf vier kleinen Rädern, differentialloser Schmalspur-Hinterachse und Fronttür – der Isetta. BMW baute die sogenannte »Knutschkugel« ab 1955 in Lizenz nach. Rivolta hatte jedoch höhere Ziele. Er wollte mit Ferrari und Maserati mithalten, als Produzent hochwertiger, bärenstarker Gran-Turismo-Sportwagen. Mitte der sechziger Jahre kamen noch Lamborghini und De Tomaso als Konkurrenz hinzu.

Rivolta hatte nicht den Ehrgeiz, eigene Motoren zu bauen, sondern bediente sich beim großen Motorenangebot von Chevrolet und baute in seinen ersten Gran Turismo von 1962, dem Typ Iso Rivolta, einen Corvette-V8-Motor ein, der 260 PS aus einem Hubraum von 5,4 Litern herausholte. Entworfen hatte den Rivolta der »Hans Dampf in allen Gassen« unter Italiens Konstrukteuren, Giotto Bizzarrini, der schon bei Ferrari gearbeitet hatte und später auch für Lamborghini Entwicklungsarbeit leistete. Das Blechkleid schneiderte der junge Giorgio Giugiario, und gebaut wurde das Auto bei Bertone.

Ein Jahr später stellte Rivolta auf dem Turiner Autosalon den Grifo als Prototyp vor, kreiert vom selben Team. Der Feinschliff am ersten Grifo nahm dennoch zwei Jahre in Anspruch, so daß die endgültige Version erst 1965 auf der Frankfurter IAA vorgestellt wurde: Ein wunderschöner sportlicher Zweisitzer (Abbildungen) mit 5,4-Liter-V8-Corvette-Motor.

Wiederum verfielen Motorjournalisten angesichts dieser aufregenden Fahrmaschine in heftige Schwärmereien, und es kam zu stilistischen Ergüssen wie diesem: »Mit dem Grifo kann man um die Ecken fahren wie mit einem Rennwagen, und raubtierhaft geduckt, von einer gewissen visuellen Bösartigkeit, ließ er bei Uneingeweihten auch den Verdacht aufkeimen, es handele sich um einen solchen.« Der Iso Grifo 7.0 von 1968 klotzte sogar mit 405 PS und 280 Stundenkilometern Höchstgeschwindigkeit.

Als erstes neues Modell unter der Leitung von Piero Rivolta, dem 26jährigen Sohn des 1966 verstorbenen Commendatore Renzo Rivolta, wurde auf der Frankfurter IAA 1967 ein viertüriger Luxuswagen vorgestellt, der Typ S4 Fidia. Ein bißchen Sentimentalität war sicherlich im Spiel, als der junge Rivolta den Typ Lele von 1969 nach seiner Frau benannte. Es war wieder ein Corvette-Motor installiert, und das elegante, viersitzige Coupé hatte nichts mehr von der irritierenden Eckigkeit des Fidia.

Daß Rivoltas kraftstrotzende Blechschönheiten auch sporadisch im Motorsport aktiv waren, ist kaum bekannt. 1965 nahm ein Iso-Grifo-Coupé an den 24 Stunden von Le Mans teil und landete auf dem neunten Platz, während zwei Grifos beim 1000-Kilometer-Rennen auf dem Nürburgring nicht ins Ziel kamen.

Wie manche andere kleine, exklusive Sportwagenfirma scheiterte schließlich auch Iso. Das bittere Ende kam 1974, jedoch gab und gibt es immer wieder Versuche, die Marke zu neuem Leben zu erwecken – längst eine unendliche Geschichte …

Jaguar
Ein adliger Sportler

»Autos wie die Jaguars zählen zu den Säulen des Britischen Empires« – dieses Bekenntnis ging dem Gründer der Marke, William Lyons, leicht von den Lippen. Unberechtigt war das nicht: Vor allem die frühen Sportwagen dieser Edelmarke, wie der Typ XK 120 von 1948, sind zum Inbegriff des englischen Sportwagens schlechthin geworden – so englisch, englischer geht's nicht. Dabei begann die Karriere des Autopioniers eher bescheiden. Zusammen mit seinem Freund William Walmsley begann er 1921 in Blackpool, Seitenwagen für starke Motorräder zu bauen; sie nannten ihre Firma Swallow Sidecar Company. Clever wie sie waren, offerierten sie ab 1927 ihre Dienste als Karosseriebauer und kamen unter anderem mit Austin für den Austin Seven, Standard, Fiat und Swift ins Geschäft. 1931 entschloß sich Lyons, selbst ein Auto zu bauen, den S.S.1. Alle Komponenten des Wagens in Eigenregie herzustellen, interessierte ihn anfangs nicht, er bediente sich bei der Marke Standard. Der Motor, zum Beispiel, stammte aus dem Standard Sixteen und erreichte eine Leistung von 16 PS. In einem zeitgenössischen Testbericht kann man lesen, daß Lyons »ein 1 000-Pfund-Auto für 130 Pfund« anbot. Der Name Jaguar tauchte zum ersten Mal 1936 bei einem 2,7-Liter-Auto mit 104 PS Leistung auf, hier allerdings noch als Typenbezeichnung. Dieses Auto war im Grunde genommen auch noch ein Standard, allerdings von Lyons' Ingenieuren Harry Weslake und W. M. Heynes noch einmal in die Mangel genommen.

Lord Montague of Beaulieu, Initiator des National Motor Museums in Beaulieu und kenntnisreicher Journalist, lobte die Eleganz des S.S. Jaguars und meinte, daß er mit der Schönheit der Bentleys und Lagondas durchaus mithalten könne. Bis zum Ausbruch des Zweiten Weltkriegs waren über 14 000 Exemplare dieses Typs gebaut worden. Der S.S. Jaguar war demnach schon so eine Art »Massenauto«. Parallel dazu gab es den zweisitzigen Sportwagen S.S. 100, einen Sechszylinder mit 3,5 Litern Hubraum und 125 PS Leistung. Der S.S.100 war übrigens das erste Auto der Marke S.S., das die Höchstgeschwindigkeit von 160 Stundenkilometern überschritt.

Nach dem Ende des Krieges wurde der Name Jaguar zum Markennamen erhoben. Auf das Kürzel S.S. wollte man unbedingt verzichten, weil es unerwünschte Assoziationen mit dem Nazi-Kürzel SS auslösen könnte.

Jaguar S.S. 100 von 1938 (oben); Jaguar C, Le-Mans-Sieger von 1951 (links) Jaguar XK 120 von 1948 (rechts)

Lyons bot zunächst weiterentwickelte Ausführungen der viertürigen Vorkriegslimousinen mit 1,5-, 2,5- und 3,5-Liter-Motoren an, wobei die beiden letzteren Sechszylinder waren. Sie gefielen durch ihre ungewöhlich niedrigen und dennoch in klassischem Stil gehaltenen Karosserien. Der Typ Mark V von 1949 ließ schon ahnen, welch eine elegante Konfiguration die Karosserien kommender Jaguar-Generationen aufweisen würden. Der Mark V bestach durch einen noch feineren Stil, der ein bißchen an die Bentleys der späten vierziger Jahre erinnerte.

Nur einen Monat nach Vorstellung des Mark V setzte Jaguar mit dem Typ XK 120 einen neuen Meilenstein in der Geschichte des Sportwagens. Sein 3,5-Liter Motor – mit 160 PS – hatte zwei obenliegende Nockenwellen, was bei Serienwagen eine Seltenheit war. Die Bezeichnung XK 120 wies auf die mögliche Höchstgeschwindigkeit von 120 Meilen pro Stunde, das sind 193 Stundenkilometer, hin. Das war für die damaligen Zeiten ein tolles Tempo. Der vom XK 120 abgeleitete Typ C gewann 1951 und 1953 die 24-Stunden-Rennen von Le Mans, der Typ D noch einmal 1955, 1956, 1957. 1960 kaufte Jaguar die benachbarte Firma Daimler auf, um die Produktionskapazität zu erweitern. Daimler verkörpert heute bei Jaguar

86

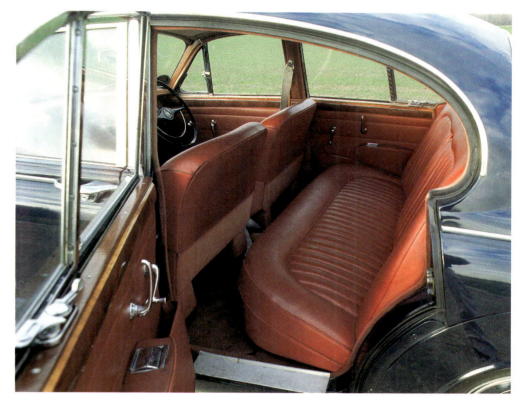

Jaguar Mark II 340 von 1967 (gegenüberliegende Seite und oben);

Jaguar XK 150 Roadster, 1960 (links unten);

Jaguar XK 120 Roadster von 1952 (unten)

die höchste Luxusstufe. Zwar war die XK-Serie schon ein »Highlight« in der Jaguar-Historie, doch setzte der sie 1961 ablösende Typ E noch eins drauf: Das war eines jener Autos, für die viele Männer Haus und Hof verpfänden und ihr letztes Hemd hergeben wollten. Der Jaguar E löste selbst bei coolen Fachjournalisten unkontrolierte Gefühlsausbrüche aus. So schrieb die Zeitschrift »auto, motor & sport« er entspreche »exakt dem Ideal der zeitgenössischen Klientel. Wichtig auch: Die begnadete Linienführung, ein weiteres Meisterstück des inzwischen geadelten Firmenchefs, wirkte derart stark auf Frauen, daß der E-Typ bald zur Grundausstattung jedes anständigen Playboys gehörte.« – mit solchen Elogen könnte man viele Seiten füllen. Klarer Fall: Der Jaguar E war das Macho-Auto par excellence, ein Auto mit viel Sex-Appeal. Der unvergessene deutsche Kabarettist Wolfgang Neuß besaß einen Jaguar E und nannte ihn »einen geradezu schweinischgeil aussehenden Penis auf Rädern«. Der E war mit seinem Sechszylindermotor aus dem Typ XK 150 als ziviler Straßensportwagen gedacht und sah aus wie ein Rennwagen – auch das war das Geheimnis seines Erfolges. 1971 verpaßte man ihm noch einen V12-Motor, wie er auch ein wenig später im

87

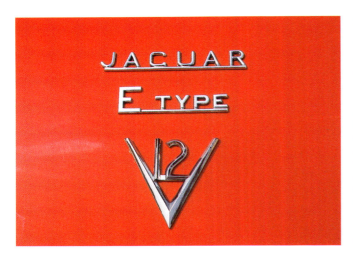

Der Jaguar E wurde zwischen 1961 und 1974 in verschiedenen Versionen gebaut. Der erste Motor, mit den drei Doppelvergasern war ein alter Bekannter aus dem XK 150 S 3,8-Liter. 1971 brachte Jaguar noch einen V12-Zylinder auf den Markt.
Der »E« errang sehr bald den Ruf, ein Macho- und Playboy-Auto zu sein. Scharfzüngige Autofans nannten ihn »zwei Notsitze mit Motor« oder »Phallus auf Rädern«. Die Schönen und Reichen gingen mit ihm auf Mädchenjagd, wie der deutsche Kabarettist Wolfgang Neuß.
Und Jerry Cotton pilotierte einen »E« durch seine Action-Krimis Mit dem V12-Motor ab 1971 wilderte er in den Revieren der Edelmarken Ferrari und Lamborghini.

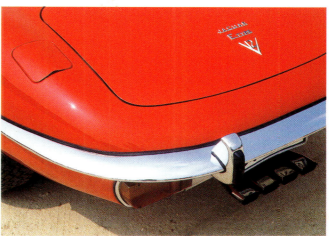

XJ 12 in Einbau kam, als Europas erstem serienmäßig gebautem Zwölfzylinder-Personenwagen seit 1939.

Ende der sechziger Jahre hatte Jaguar zu viele Limousinen in einem begrenzten Marktsegment im Programm und bei aller Noblesse waren die Fahrzeuge nicht mehr up to date. Die Zeit war reif für einen neuen Quantensprung. Zum Nachfolger des Typs E – 75 520 waren bis Produktionseinstellung 1975 hergestellt – wurde der XJS von 1975 erklärt, dem allerdings das Filigrane fehlte, was doch für Jaguar so typisch sich hier schon einen klassischen Oldtimer heran, indem sie den XJS erst einmal einmotten.

Das aktuelle Modell wird von einem 4-Liter-Sechszylindermotor mit 233 PS angetrieben. Sein Nachfolger soll der Jaguar XK 8 werden, dessen Radstand auf dem seines Vorgängers basiert. Er soll von dem neuen Jaguar-V8-Aluminiummotor angetrieben werden, der bei einem Hubraum von 3996

Jaguar XK 8 Cabrio, 1996 (rechts)
Jaguar XJR von 1995 (unten)
Jaguar XK 220, 1992 (rechts unten)

war. Der V12-Motor des Coupés – später gab's auch ein Cabrio – hatte einen Hubraum von 5,3 Litern und leistete 287 PS. Heute, da seine Produktion nach mehr als 20 Jahren ausläuft, zieht der Verkauf noch einmal an; viele Jaguar-Fans züchten Kubikzentimeter 294 PS leistet. Es war schon immer so bei Jaguar: Wer in der Modellpolitik klar kommen wollte, mußte gewissenhaft seine Hausaufgaben machen und all die Kürzel auswendig lernen, die die einzelnen Typen kennzeichnen. So in der XJ-Modellreihe den XJR 4,0 Kompressor von 1995, der den Weg in die Motoren-Zukunft weisen soll. Sein Sechszylinder-Reihenmotor aus Aluminium leistet 320 PS und macht den »Jag« 250 Stundenkilometer schnell. Wie schon bei Aston Martin reichte die Autobau-Kunst allein nicht aus, das Überleben der Firma zu sichern. Im Jahr 1989 drängte es auch die »Katzen« aus Coventry an die unerschöpflichen Futternäpfe von Ford, was viele Briten in ihrem nationalen Stolz verletzte. Aber seitdem

kann Jaguar wieder in Ruhe und mit viel Spaß an Innovationen arbeiten. Dabei herausgekommen ist die neue XJ-Serie mit drei Typenreihen und insgesamt acht individuellen Varianten. Die klassischen Jaguar-Typen finden wir in der XJ-Classic-Serie, vom XJ 6 bis zum XJ 12. Die XJ-Sport-Serie gipfelt im Jaguar XJR 4.0 Kompressor mit 320 PS, und die Daimler-Serie soll edelstes Ambiente in den Versionen Daimler Six und Daimler Double Six repräsentieren.

*Jaguar XJR Kompressor:
sein aufgeladener 6-Zylinder-Motor
leistet stattliche 320 PS.*

Lagonda
Der Traumwagen mit dem schlechten Ruf

Das ist eine Geschichte wie aus einem Auto-Märchenbuch. Im Januar 1897 wandert ein Amerikaner namens Wilbur Gunn aus Springfield, Ohio, nach England aus, um Autos zu bauen. Sein erstes Gefährt ist ein Cycle Car mit einem Zylinder, zusammengebaut in einer Werkstatt in Staines, Middlessex. Nun muß ein Markenname her, denn Gunn sieht eine rosige Zukunft für seine Pläne. Er entscheidet sich für »Lagonda«. So heißt das Flüßchen Buck, das durch Springfield fließt, auf französisch. Gunn hatte die Aussichten für seine Autos richtig eingeschätzt. Lagonda war vor allem in den zwanziger Jahren eine starke Konkurrenz für Rolls-Royce und Bentley und prosperierte auch in den dreißiger Jahren.

In dieser Zeit kam W.O. Bentley ins Spiel. Rolls-Royce hatte 1931 dessen Firma aufgekauft, weil sie finanziell am Ende war. Wohin aber nun mit dem brillanten Konstrukteur Bentley? Henry Royce und Bentley rasselten sofort bei ihrem ersten Treffen zusammen, und beide waren froh, als Bentleys Vertrag endete. Dann kam ein Angebot vom neuen Lagonda-Besitzer Alan Good, der W.O. Bentley als technischen Leiter haben wollte.

Kurz vor dem Zweiten Weltkrieg gelang dem lang gedemütigten Bentley ein Meisterstück mit dem Lagonda V12, den viele Autohistoriker immer noch als eines der schönsten Autos dieses Jahrhunderts bezeichnen. Zwei Lagonda Rapide belegten 1939 bei den 24 Stunden von Le Mans die Plätze 3 und 4. Es erfüllte Bentley mit Genugtuung, daß es ihm mehr als zehn Jahre nach seinen Le-Mans-Triumphen der zwanziger Jahre noch einmal gelungen war, in der Sarthe zu gewinnen.

Lagonda kam nach dem Krieg nur schwer wieder in Gang und schlüpfte 1947 bei Aston Martin unter. Die Lagondas wurden mit Aston-Martin-Motoren bestückt und erfreuten sich eines typisch britischen Snob-Appeals. So zählte der Herzog von Edinburgh Lagonda zu seinen Lieblingsmarken und ist

auch Ehrenmitglied des Lagonda-Clubs. 1974 wurde ein Fahrzeug auf Kiel gelegt, dem die Rolle eines britischen Prestigeautos der Zukunft zugedacht war, der Aston Martin Lagonda. Der erste Anlauf scheiterte kläglich wegen unzähliger technischer Macken.

1987 wurde der Aston Martin Lagonda in die Gegenwart zurückgeholt. Vieles hatte in der Zukunftsversion nicht funktioniert, so etwa das Schalten der Gänge per Sensoren. Man bediente den Aston Martin Lagonda nun wieder wie ein normales Auto mit Hebeln, Druckknöpfen und Pedalen. Dennoch sprachen Fachjournalisten immer noch vom »britischen Ungeheuer« oder dem »Monster«, das dann noch 317 000 Mark kosten sollte, angetrieben von einem Achtzylinder-V8-Motor, der 310 PS leistete.

Zum Mythos des »Monsters« Aston Martin Lagonda hat sicherlich auch beigetragen, daß 1976 allein schon auf die bloße Ankündigung dieses »Traumwagens« hin König Hussein von Jordanien und der Schah von Persien darum buhlten, als erster beliefert zu werden ...

Lagonda 4,5 Liter von 1936 und links der (Aston-Martin-) Lagonda von 1987

Lamborghini
Der alte Geist lebt weiter

Aus solch einem Stoff entstehen Auto-Legenden: Während des Zweiten Weltkriegs dient ein junger Italiener namens Ferruccio Lamborghini als Soldat auf der Insel Rhodos. Als gelernter Mechaniker wird er abkommandiert, den Fuhrpark der Luftstreitkräfte in Ordnung zu halten. Ein Job, der ihm leicht von der Hand geht. Im Jahr 1944 besetzen die Briten die griechische Insel. Auch ihr Fuhrpark bedarf der Wartung. So sucht man unter den italienischen Kriegsgefangenen nach einem Fachmann, der sich dieses Problems annehmen kann. Also muß Lamborghini wieder ran. Auch diese Aufgabe fällt ihm leicht, und er bleibt bis 1946 auf Rhodos. Er ist ein junger Mann von dreißig Jahren, als er in die Heimat zurückkehrt.

Auf seiner Hochzeitsreise durch sein Heimatland fällt ihm auf, daß einerseits die Bauern dringend Traktoren brauchen und daß andererseits am Straßenrand Hunderte von den Siegermächten zurückgelassener Panzer- und Lastwagen stehen. Lamborghini erkennt die Gunst der Stunde und bastelt aus diesen Relikten brauchbare Traktoren zusammen. Die Traktorfirma entwickelte sich prächtig; hinzu kam noch die Herstellung von Ölbrennern und einigen anderen Zubehörteilen. Dank seines wachsenden Wohlstandes konnte sich Lamborghini bald seinen ersten Ferrari leisten, ein 250 GT Coupé, dem sehr bald dann drei weitere rote Boliden aus Maranello folgten. Um eine kuriose Geschichte kurz zu machen: ständiger Ärger mit der Mechanik der Ferraris führte zu einer Audienz beim Commendatore in Maranello. Lamborghini referierte dort über die Macken und riet dem unnahbaren Enzo Ferrari, mehr für die Zuverlässigkeit seiner Autos zu tun. Ferrari konterte daraufhin, Lamborghini möge doch erst einmal richtig Autofahren lernen. Diese Abfuhr, verstärkt durch die Erkenntnis, daß ein exklusiver, potenter vielzylindriger Sportwagen nach seinem Geschmack auf dem Markt fehlte, führte zu dem Entschluß, selbst hochkarätige

Sportwagen zu bauen. Er schaute sich in der Garde der jungen, tüchtigen Konstrukteure um und übernahm zunächst von einem ehemaligen Ferrari-Ingenieur namens Giotto Bizzarrini die alten Konstruktionspläne eines von diesem entworfenen V12-Motors. Der junge Gianpaolo Dallara entwarf ihm, gemeinsam mit seinem gerade mal 25jährigen Assistenten, Paolo Stanzani, Chassis und Fahrgestell. Ihre Arbeit koordinierte der Australier Bob Wallace, ebenfalls 25 Jahre jung, als Testfahrer und Entwicklungsingenieur. Auch die Karosserie sollte nach Lamborghinis Wünschen vom feinsten sein. Daher forderte er die Karosseriers Ghia, Scaglione, Zagato und Touring auf, Pläne vorzulegen. Touring bekam schließlich den Zuschlag, nachdem Scagliones erster Versuch als zu extravagant galt. Der 350 GTV »Gran Turismo Veloce« von 1963 war ein Prototyp mit einem V12-Zylinder und einem Hubraum mit 3464 Kubikzentimetern. Er leistete auf dem Prüfstand 360 PS, was Begeisterung im Team auslöste.
Doch Ferruccio Lamborghini bremste die Euphorie: er wollte keinen Formel-1-Rennwagen, sondern einen Gran Turismo. Fünfundzwanzig Prozent weniger würden es auch tun. So hatte der 350 GT von 1964 »nur« 320 PS.

*Ein Ausschnitt aus der Entwicklung des Auto-Designs läßt sich anhand dieser Bilder sehr anschaulich nachvollziehen:
Die sanft-geschwungene Linienführung der sechziger Jahre ist ein Jahrzehnt später einer kantigen, winkelbetonten Keilform gewichen. Das Bild oben zeigt den Lamborghini Miura von 1965 mit einer Karosserie von Bertone.
Die übrigen Abbildungen präsentieren den legendären Lamborghini Countach, der ab 1973 gebaut wurde. Das überaus wuchtige Countach-Design aus den Siebzigern ist inzwischen wieder hinter eine etwas gefälligere, weichere Formgebung zurückgetreten.*

Aus dem Modelljahr 1996 stammt der Lamborghini Diablo Roadster. Sein 5,7-Liter-V12-Motor mit 492 PS treibt alle vier Räder an (Bilder auf dieser Doppelseite und Seite 98).

In Fachkreisen war man sich einig: Mit Lamborghini war Enzo Ferrari ein ernst zu nehmender Konkurrent erwachsen, und das auch noch in seiner Nachbarschaft. Denn Sant'Agate Bolognese ist nur 30 Kilometer von Maranello entfernt. Ihren eigentlichen, entscheidenden Durchbruch schaffte die junge Marke auf dem Turiner Autosalon 1965 mit dem Prototyp Miura T 400, der einen quer eingebauten Mittelmotor mit 385 PS Leistung hatte. Das Straßendebüt folgte ein Jahr später. Die internationale Fachpresse war sich darin einig, daß der Miura ein genialer Entwurf war und im Sportwagenbau neue Maßstäbe setzte. Sein Name leitet sich von den spanischen Kampfstieren des Züchters Miura ab, und der Stier als Logo von Lamborghini verrät das Sternzeichen des Autobauers.

Ab 1966 ging der Miura, jetzt P 400 genannt, in Serie. Der englische Journalist William Boddy rückte die Maßstäbe allerdings wieder ein wenig zurecht, indem er schrieb: »Für alle, die es gern haben, daß ein V12-Motor direkt hinter dem Kopf lärmt, und die sich auch nicht davor fürchten, phasenweise taub zu werden – für die wird dieser Wagen ein Erlebnis sein.« Nach dem fulminanten Prestigeerfolg des Miura verwirrte Lamborghini allerdings seine Gefolgschaft: Da es ja nun mal nicht jedermanns Sache sei, einen Motor hautnah im Rücken zu haben, sollte der Typ Espada von 1968 zur Abwechslung wieder von einem Frontmotor angetrieben werden. Die hinreißend schöne Karosserie aus dem Haus Bertone wurde von Marcello Gandini entworfen. Der Jarama 400 GT 2 + 2 von 1970 war familienfreundlich, denn er bot bei etwas gutem Willen vier Personen Platz. Der V12-Motor war im Bug plaziert. Lamborghini war sich nicht zu fein, einen Beitrag zur Klasse der kompakten Supersportwagen zu leisten. Ferrari baute seit 1965 den Dino, mit einem 2-Liter-V6-Motor im Heck, und Lamborghini wollte mit seinem »Kleinen« Urraco von 1970 vor allem der Konkurrenz in Maranello in die Parade fahren. Außerdem gab es in Zuffenhausen den Porsche

911 mit 2,2 Litern Hubraum und 180 PS Leistung. Beim Urraco gab es zur Abwechslung mal wieder einen Mittelmotor, dieses Mal aber nur mit 8 Zylindern in V-Anordnung, quer eingebaut. Dieses Hin und Her zwischen Frontmotor, Mittelmotor, mal quer, mal längs eingebaut, mal 8, mal 12 Zylinder in V-Anordnung – das stiftete Verwirrung unter den Lamborghini-Fans. So war beim gewaltigen Countach von 1973 der V12-Mittelmotor längs eingebaut. Der Jubel über diesen Super-Lambo nahm kein Ende.
Als Kontrast zu dieser bizarren Sportwagenschönheit rollte 1977 ein potthäßliches Ungeheuer aus den Hallen in Sant'Agate Bolognese: Der Cheetah LM, ein total verrückter Versuch, im Geländewagen-Segment Fuß zu fassen, ja, in die Jeep-Domäne einzubrechen. Angetrieben wurde der Koloß zunächst von einem V8-Mittelmotor der Marke Chrysler, ab 1982 von einem 444 PS starken Motor aus dem Countach.

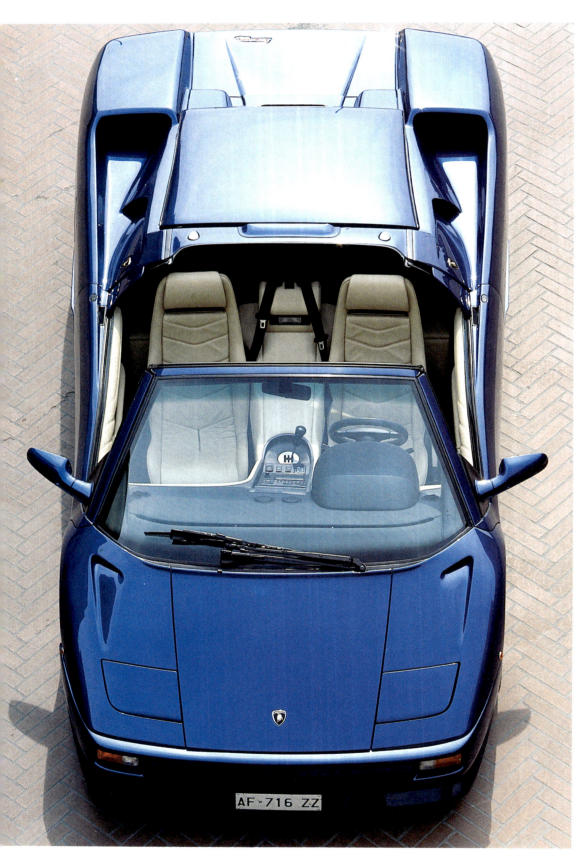

Lamborghinischer Aktionismus spiegelte sich auch in Offshore-Booten wider, die von Lamborghini-Motoren angetrieben wurden, und im Jahr 1989 trieben Lamborghini-Triebwerke die Formel-1-Rennwagen von Lotus und Larrousse an, allerdings wenig erfolgreich.

Hektisch wie die Modellpolitik verlief auch die Unternehmensgeschichte. Im Jahr 1973 zog sich Ferruccio Lamborghini aus dem Autogeschäft zurück. Er verkaufte seine Firmenanteile, kehrte zu seinen Wurzeln als Landmann zurück und baute Wein an. Er starb im Februar 1993. Nach Lamborghinis Ausscheiden aus der Firma löste sich eine Reihe von mehr oder weniger seriösen Besitzern in der kriselnden Firma ab. Ruhe kehrte erst wieder ein, als im Jahr 1987 der amerikanische Autogigant Chrysler die elitäre Sportwagenschmiede erwarb. Sechs Jahre später ging sie in den Besitz einer Gruppe indonesischer Geschäftsleute über. Der Lamborghini-Geist lebt im Typ Diablo fort, der seit 1990 gebaut und immer weiterentwickelt wird.

Lancia
Der blaublütige Italiener

Auf den 1881 geborenen Vincenzo Lancia trifft das häufig auftauchende Klischee vom Kind armer Leute, das sich fleißig nach oben arbeitet, nicht zu. Nein, Vincenzo hatte reiche Eltern. Vater Giuseppe hatte sein Vermögen mit Gefrierfleisch, Konserven und Suppen gemacht. In einigen italienischen Kochbüchern wird er auch als Erfinder der Brühwürfel rühmend erwähnt. Es gab Geld genug bei den Lancias. Der Sohn sollte Rechtsanwalt werden, aber der hatte ganz andere Pläne. Er interessierte sich vielmehr für Technik und Automobile. Immerhin besuchte Vincenzo gelangweilt eine Handelsschule und machte sich dort mit der Buchhaltung vertraut. Er war beliebt bei seinen Mitschülern, weil er äußerst geschickt ihre Fahrräder reparieren und mit ihnen die tollsten Kunststücke vorführen konnte. In seiner freien Zeit trieb er sich bei der Velo-Firma Ceirano herum, ging den Monteuren zur Hand. Als die Gebrüder Ceirano zum Autobau übergingen, bewarb sich der junge Lancia, um den Vater zu beruhigen, pro forma als Buchhalter, in Wirklichkeit aber als Automechaniker.

Er schloß dort Freundschaft mit dem ebenfalls 18jährigen Felice Nazzaro, der später zu einem berühmten Rennfahrer werden sollte.

Ein seltener Lancia aus den fünfziger Jahren. Der Karosserie-Designer ist unbekannt. Aus diesem Typ stammt auch das »gläserne« Lenkrad.

99

Am Bau des ersten Ceirano, einem Zweisitzer mit horizontal eingebautem Zweizylinder, war Lancia maßgeblich beteiligt. Vincenzo begann Rennen zu fahren, mit immer größeren Erfolgen, so daß er bald als Italiens Rennidol galt. Aber für den jungen Lancia war es das noch immer nicht: Er wollte selbst Autos bauen. Am 29. November 1906 gründete er seine eigene Firma.

Sein Bruder, ein ausgebildeter Graecologe, animierte den jungen Unternehmer, seine Modelle vorwiegend mit griechischen Namen zu schmücken: Alpha Di-Alpha, Beta (1909), Gamma (1910) Delta und Di-Delta (1911), Epsilon und Zeta (1912) und so fort. Der Eta aus dem Jahr 1913 war das erste Lancia-Modell, bei dem elektrische Scheinwerfer als Sonderausstattung zu haben waren. Um eine große Geschichte kurz zu machen: Lancia zählte schon vor dem Ersten Weltkrieg zum europäischen Auto-Adel. Dann profitierte auch er vom Krieg. Sein Modell Theta von 1914 mit 5 Litern Hubraum war das erste Auto mit Scheiben- anstelle von Holzspeichenrädern und bewährte sich im Kriegseinsatz aufs vortrefflichste. Mit dem Modell Lancia Lambda von 1922 wurde er nun endgültig in die Ruhmeshalle des Automobilbaus aufgenommen, so daß ihn einige Autohistoriker in einem Atemzug mit Wilhelm Maybach und Ferdinand Porsche nennen.

Der Lambda läutete das Zeitalter der selbsttragenden Karosserie ein. Die Idee dazu spukte Lancia schon vor dem Ersten Weltkrieg im Kopf herum, aber erst nach Kriegsende gab es die Großpressen, die ihm schließlich für den Typ Lambda im Jahr 1923 zu den über 3 Meter langen und etwa 50 Zentimeter hohen Seitenteilen aus 2 Millimeter starkem Stahlblech verhalfen. Lancia ersetzte so den herkömmlichen U-Träger-Rahmen durch das Preßstahl-Chassis und erzielte dadurch eine enorme Gewichtsminderung. Das Preßstahlgehäuse war zudem sehr verwindungssteif.

Der Lancia Lambda war auf Anhieb ein sensationeller Prestige-Erfolg – ein Meilenstein in der Geschichte des Automobils. Und der kreative Höhenflug setzte sich fort. Schon sehr bald versicherte

sich Lancia der Dienste renommierter Karossiers wie Farina, Moderna, Weymann, Bertone. So wurden die Lancias zu Blechschönheiten, die nun auch in Hollywood standesgemäß waren. Speziell für Italien entwarf Lancia 1937 den Typ Aprilia mit Vierzylinder-Leichtmetallmotor und erstmalig Einzelradaufhängung rundum. Von Bertone stammte die Karosserie, mit einem für die damalige Zeit sensationellen cw-Wert von 0,47. Den Erfolg des Aprilia konnte Vincenzo Lancia nicht mehr erleben. Er starb 55jährig am 15. Februar 1937. Seine Witwe führte das Werk bis zum Ende des Zweiten Weltkrieges, 1945 übernahmen Bruder Arturo und später der Sohn Gianni die Leitung der Firma. Vincenzos Geist lebte in den ungemein attraktiven Nachkriegsmodellen, wie dem Typ Aurelia, weiter.
Lancia, das war eine Mischung aus Bella Italia, Bella Macchina und Dolce Vita, vor allem dann, wenn Pinin Farina – damals noch getrennt geschrieben – Hand angelegt hatte. Mit den sportlichen Versionen des Aurelia und der 1956 vorgestellten Luxuslimousine Flaminia war die Marke Lancia nun auch bei der Show-Prominenz und den italienischen Reichen und Schönen angesagt. Fürst Rainier von Monaco, Brigitte Bardot, Marcello Mastroianni, um nur einige zu nennen, waren Lancia-Fans geworden.

Auf dem sportlichen Sektor mischte Lancia in der Königsklasse des Motorsports mit, im Grand-Prix-Geschäft mit Fahrern wie Alberto Ascari, Juan Manuel Fangio und Piero Taruffi, im Rallyesport – Lancia gewann acht Mal die Rallye Monte Carlo, 1983 mit Walter Röhrl – bei Langstreckenrennen weltweit und bei Tourenwagen-Wettbewerben.

Im Jahr 1970 schlüpfte Lancia, finanziell am Ende, bei der Übermutter Fiat unter und wird dort liebevoll am Leben gehalten.

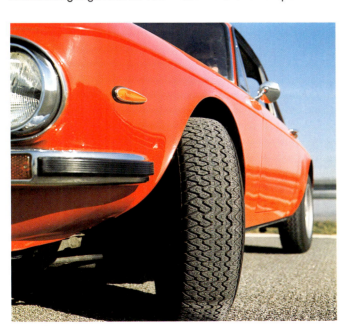

Das Bild links oben zeigt die Front einer Lancia Aurelia von 1956; ganz oben zu sehen: Lancia Aprilia von 1937.
Die übrigen Bilder präsentieren die Lancia Fulvia von 1965.
Der 4-Zylinder-1,2-Liter-Motor des hübschen kleinen Coupés leistet 80 PS.

Vier Mal Lancia Stratos in der Straßenversion von 1973: Angetrieben von einem Ferrari-Dino-V6-Mittelmotor war der Wagen bei zahlreichen Rennen im Einsatz.

Lotus
Mit dem guten Ruf von gestern und dem Flair von heute

Wenn es eines Tages einem Schriftsteller einfallen sollte, einen Roman über einen Automobilkonstrukteur zu schreiben, dann gäben Colin Chapman und seine Firma Lotus den richtigen Stoff her. Da ist alles drin: Ein genialer Konstrukteur, sieben Fahrerweltmeisterschaften, zwei tödlich verunglückte Grand-Prix-Fahrer – 1968 Jim Clark, 1970 Jochen Rindt – dubiose, kriminelle Geldgeschäfte in Millionenhöhe, nach Chapmans Tod 1982 »Business as usual«, enge Zusammenarbeit mit Toyota, Re-Finanzierung der Group Lotus Car Companies mit weiteren Teilhabern, eine Fülle innovativer Anstrengungen, 1985 die Änderung des Firmennamens in Group Lotus plc., ein Jahr später General Motors als Hauptaktionär, sieben Jahre später an die

neue Bugatti-Gruppe, die wiederum an die italienischen Industriegruppen Benetton und Bonomi verkauft, als ihr das Geld ausgeht. Das Formel-1-Team Lotus, nicht verbunden mit Group Lotus, wirft 1995 wegen Geld- und Erfolgsmangel das Handtuch. Ein Ende von tragischer Symbolik.
Was vom Ruhm Colin Chapmans bleibt, ist die Erinnerung an die revolutionäre Technik seiner Formel-Rennwagen, vor allem die der Formel-1-Boliden.

Mit dem Charme der Sechziger: der Lotus Elan von 1964 (Seite 103).

Links und oben: der Lotus Esprit von 1981, und die Bilder rechts zeigen den Lotus Europa, 1967, mit einem Renault-Mittelmotor.

Er war der Traumsportwagen des »kleinen Mannes«: Der Lotus Elite von 1962

Chapman war der Pionier der rigorosen Leichtbauweise. 1962 präsentierte er beim Großen Preis von Holland seinen Lotus MK 25, der statt eines Rohrrahmens ein aus genieteten Aluminiumblechen bestehendes Chassis hatte. In den Hohlräumen waren die Tanks untergebracht. Diese Monocoques ermöglichten ultraleichte Wagenkörper von nur 70 Zentimetern Breite. Chapman war der Vorreiter des Mittelmotors – 1960 mit dem Lotus 18 – und auch die treibende Kraft für die Formel-1-Rennwagen mit Heckflügeln, die 1968 erstmalig an den Start rollten. Am anderen Ende der Chapmanschen Konstruktionsskala stand der »Rennwagen des kleinen Mannes«, der Lotus Seven, den man sich als motorsportbegeisterter Amateur selbst zusammenbauen konnte.

Neben den lupenreinen Rennaktivitäten stand die Entwicklung attraktiver »ziviler« Sportwagen, die Komfort mit sportlicher Aggressivität verbinden. Typen wie der Zweisitzer Elite oder der Typ Esprit von 1975 untermauerten den Ruf von Lotus, eine Sportwagenmarke ohne Schicki-Micki-Touch zu sein. Der Esprit ist über all die Jahre hinweg einer ständigen raffinierten Modellpflege unterworfen worden. Seine Evolutionsstufe von 1996 holt aus einem Vierzylinder-Motor mit 2174 Kubikzentimetern Hubraum durch einen Garrett-Turbolader 306 PS heraus. Er ist ein Spitzenprodukt britischer Sportwagen-Baukunst. Übrigens meldete Lotus am 24. März 1995, daß seit Gründung der Marke im Jahr 1948 der 50 000. Wagen gebaut worden sei.

Der Lotus Esprit, Serie 3 von 1981 und darunter der Esprit 300 aus dem Jahre 1993.

Maserati
Der bescheidene Blender

Sechs Söhne hatte der Lokomotivfahrer Rodolfo Maserati aus Voghera in der Poebene: Mario, Carlo, Alfieri, Ettore, Bindo und Ernesto. Mario entwickelte sich zum Kunstmaler, während die anderen Brüder ihr Technikerblut entdeckten und sich nach und nach dem Umgang mit Motoren zuwandten. Carlos kurze Rennfahrer- und Technikerkarriere endete ebenso jäh wie früh, als er 1910 starb, doch die Brüder traten in seine Fußstapfen. Sie arbeiteten in Mailand bei Isotta Fraschini als Techniker und Rennfchrer, verlegten aber bald ihre Aktivitäten nach Bologna, wo sie auf eigene Rechnung eine Repräsentanz von Isotta Fraschini betrieben und mit einer Zündkerzenproduktion begannen.

Vorherige Seite: Ein Maserati 250 F von 1958;
rechts zu sehen: der Maserati 250 S von 1975,
und hier donnert ein 300 S von 1955 durch die Kurve.

Während des Ersten Weltkriegs waren Alfieri, Bindo und Ettore abkommandiert, um sich mit der Weiterentwicklung von Flugzeugmotoren zu beschäftigen, während sich Ernesto um die eigene Werkstatt kümmerte. Nach dem Krieg konnten sich Alfieri und seine Brüder und sie mußte sich gegen die übermächtige Dominanz von Alfa Romeo, Bugatti und Mercedes-Benz durchsetzen, aber mit seinem Tipo 26 gewinnt Maserati eine beeindruckende Erfolgsserie, die sich kontinuierlich – mit einigen Rückschlägen zwar – bis zum Beginn des Zweiten

nun endlich intensiv dem Rennwagenbau widmen, aber erst 1926 entschlossen sie sich, eine eigene Firma zu gründen, die Officine Alfieri Maserati S.p.A. Die Brüder hatten für die Firma Diatto einen Achtzylinder-Rennwagen konstruiert, aber als diese Turiner Firma 1925 in finanzielle Schwierigkeiten geriet und die Zusammenarbeit mit Alfieri Maserati aufkündigte, machten die Maseratis Nägel mit Köpfen. Sie übernahmen den von ihnen entwickelten Motor in ihre eigene Firma. Und seit 1926 ist Maserati eine der erlesensten italienischen Marken. Die Bologneser Firma war klein, Weltkriegs fortsetzte. In den Jahren 1939 und 1940 siegte der Amerikaner Wilbur Shaw mit einem Achtzylinder-Maserati im berühmten 500-Meilen-Rennen von Indianapolis.

Die vier Maserati-Brüder – Alfieri erlag den Folgen eines Unfalls – genossen dank ihrer Präzisionsarbeit längst einen exzellenter Ruf, aber wie so oft bei solch genialen Konstrukteuren wurden die kaufmännischen Belange sträflich vernachlässigt. Es kam leider, wie es kommen mußte: 1937 übernimmt der Industrielle Adolfo Orsi aus Modena die notleidende Renn- und Sportwagenfirma.

Er ist klug genug, sich für zehn Jahre die Mitarbeit der vier Maserati-Brüder – als Berater – zu sichern. Unter Adolfo Orsi und seinem Sohn Omer expandiert Maserati an mehreren Fronten. Erstmals entstehen Touren-Sportwagen für den Straßenverkehr. Auf ihre Entwicklung haben die Brüder Maserati kaum noch Einfluß, denn sie machen sich 1947 mit ihrer neuen Marke O.S.C.A. ein zweites Mal selbständig. Aber auch bei den Orsis blieben die Rennwagen für die Großen Preise und die Formel 2 sowie für Sportwagenrennen das Aushängeschild. Vor allem auf dem Nürburgring »räumten« die Renner mit dem Neptun-Symbol ab: beim 500-Kilometer-Rennen für Sportwagen 1955 sowie bei den 1000-Kilometer-Rennen von 1956, 1960 und 1961.

Die Ereignisse des Jahres 1957 hätten Stoff für eine große Verdi-Oper liefern können: Juan Manuel Fangio gewinnt unter dem Maserati-Dreizack seinen fünften Weltmeisterschaftstitel.

Dieser Erfolg jedoch wurde von einer finanziellen Krise im Orsi-Imperium überschattet, und auch Maserati mußte Federn lassen. Der staatliche Zwangsverwalter untersagte der Firma jede weitere Aktivität im Rennsport. Aber dieses Verdikt hatte auch Gutes, denn von 1958 an wird die Serienproduktion von hochwertigen, eleganten Touren-Sportwagen mit Erfolg forciert. Die Großen, Schönen und Reichen der Welt ordern die Traumwagen aus Modena: Anthony Quinn, Peter Ustinov, Marcello Mastroianni, Luciano Pavarotti, Jean-Paul Belmondo, Prinz Rainier von Monaco und viele mehr. Coupés wie die Typen 3500 GT, Mistral, Sebring, ein Sechszylinder mit bis zu 255 PS Leistung, oder die 260 bis 330 PS starken Achtzylinder 5000 GT, Mexico, Ghibli und Indy sowie die 230 Stundenkilometer schnelle Limousine Quattroporte sind keineswegs spartanisch-harte Sportwagen für den Fahrspaß am Wochenende. Im Gegensatz zu den Ferraris sind die Maseratis schnelle Tourenwagen für den Alltagsverkehr der Gutbetuchten und PS-Gourmets. Gerade auf die hier erwähnten Maserati-Typen trifft der Slogan von der »Ästhetik der Mechanik« zu – Motorhöchstleistungen in einem progressiv-kultivierten Ambiente; ein Traumwagen eben.

Ein Maserati Merak von 1975 (links unten); die übrigen Bilder zeigen den Khamsin aus demselben Modelljahr.

Die Verbindung von Maserati und Citroën im Jahre 1968 gehört nicht zu den glücklichsten der Autogeschichte, wie auch die Entwicklung des Franzosen zeigte. Als Citroën in Schwierigkeiten gerät, übernimmt Peugeot das Mutterunternehmen von Maserati – und schließt bei der schönen, aber armen Tochter in Modena zunächst die Tore. Der Retter steht schon bereit: Alejandro de Tomaso nutzt die Gunst der Stunde und übernimmt 1976 mit staatlicher Unterstützung – ganz billig – Maserati. Der diktatorische Industrielle läßt die exklusiven Kleinserien-Modelle auslaufen und setzt auf das Prinzip »Mehr sein als scheinen«. So wirken die Modelle der Biturbo-Reihe wie unauffällige Mittelklasse- oder Kompaktwagen. Unter der Motorhaube ist aber enorme Leistung angesagt,

bei Hubräumen von 2 und 2,8 Litern sorgten zwei Turbolader für Power-Ausbeute von 180 bis 305 PS. Von 1981 bis 1992 wurden vom Biturbo insgesamt 37 000 Exemplare als Coupé, als Spider und als Limousine gebaut.

Auch auch hier wieder die traurige Nachricht: 1989 war Maserati wieder so weit unten, daß man sich in die Arme von »Mama Fiat« flüchtete. Das Prinzip der äußeren Unscheinbarkeit wird beibehalten. Allerdings wartet der Typ Shamal mit einer Kuriosität auf, die auch einige Unsicherheit im Design verrät, mit einem Spoiler vor der Windschutzscheibe und einem hinten. Das Biturbo-Prinzip wird in den aktuellen Modellen Ghibli – nicht zu verwechseln mit dem Ghibli von 1966 – und Quattroporte zu höchster Perfektion getrieben.

Für einge Autotester und mögliche Interessenten hat diese »Wolf-im-Schafspelz-Attitüde« etwas Provozierendes. So holt der sich äußerlich extrem bescheiden gebende Quattroporte aus seinem V8-Motor mit 3217 Kubikzentimeter Hubraum dank seiner beiden Turbos 335 PS heraus. Aber das hindert die »Sunday Times« nicht, mokiert zu fragen, was Maserati als ehemaligem »world leader« der tollen Straßen-Sportwagen veranlaßt haben könnte, solch ein anonymes Auto zu bauen.

Sein 2,8-Liter-V6-Motor leistet 284 PS: der Maserati Quattroporte aus dem Modelljahr 1996, bei dem auch das Maserati-Logo so hübsch ins hölzerne Lenkrad integriert ist (alle Bilder).

Zwei Schönheiten aus der Vergangenheit: Maserati 3500 GT von 1963 und darunter der Maserati Indy von 1971.

Der McLaren F 1 – Rennsportwagen mit Formel-1-Technik (1993).

McLaren F 1
Wie von einer Sprengladung abgefeuert

Es gibt Auto-Testberichte, bei denen man als Leser rechtzeitig in Deckung gehen muß, wie zum Beispiel bei diesem: »Vollgas entfesselt nicht einfach Beschleunigung – dieses Wort sollte dem Rest der automobilen Welt vorbehalten bleiben. Der McLaren schießt davon, wie von einer Sprengladung abgefeuert – so brutal, so unnachgiebig, daß dem Fahrer buchstäblich die Luft wegbleibt ...« So stand es im Frühjahr 1994 in »auto, motor & sport«. Gemeint war der McLaren F 1, »über den zwei Zahlen mehr aussagen als 1000 Worte: Der Supersportwagen beschleunigt in 28 Sekunden aus dem Stand auf 320 Stundenkilometer. Die Power für diese 1,4 Millionen Mark teure Fahrmaschine liefert ein V12-Motor von BMW.«

Man weiß, daß McLaren Formel-1-Rennwagen baut – sehr erfolgreiche sogar, wie der Gewinn mehrerer Weltmeisterschaften beweist. Doch dieser neue Supersportwagen war eine Überraschung. Er entstand auf dem Zeichenbrett des genialen McLaren-Konstrukteurs Gordon Murray, der auf der Suche nach einem adäquaten Motor nicht lange überlegte: BMW-Motorkonstrukteur Paul Rosche war schnell davon überzeugt, daß dieses eine Aufgabe war, der sich ein Mann mit seinem Hintergrund und seinen enormen Erfahrungen stellen mußte und wollte. Ein BMW-Zwölfzylinder vom Allerfeinsten mußte her. Der Aufwand lohnte sich: Bei den 24 Stunden von Le Mans 1995 war der Gesamtsieger ein McLaren F 1 GTR, mit McLaren auch auf den Plätzen 3 und 4. Monocoque-Bauweise und eine Karosserie aus kohlefaserverstärktem Kunststoff und Radaufhängungen wie in der Formel 1 machten aus dem McLaren F 1 mehr als nur einen weiteren Supersportwagen. Denn die kompromißlose Bauweise ist verantwortlich dafür, daß das »Geschoß« nur 1140 Kilogramm wiegt, so viel – wie ein normaler VW Golf mit 90 PS.

Der McLaren F 1 kommt ohne üppige Spoiler und Flügel aus. Dies verdankt es seinem aerodynamisch geformten Unterboden. Murray ist ohnehin der Ansicht, daß die Konstrukteure und Designer von »bürgerlichen« Autos viel mehr von F-1-Konstrukteuren lernen sollten. Er erhebt den Vorwurf, daß die zerklüfteten Wagenböden die Spar-Erfolge durch windschlüpfrigere Karosserien, effizientere Motoren und geringeres Wagengewicht wieder zunichte machen.

Bei den 24 Stunden von Le Mans 1996 konnten die McLaren F 1, vom italienischen Bigazzi-Team rennfertig gemacht, den Vorjahreserfolg von Privatteams nicht wiederholen. Sie waren dem Tempo, das die Porsche an der Spitze vorlegten, nicht gewachsen. Der beste McLaren wurde Vierter.

Der McLaren F 1 im Renn-Outfit und mit BMW-V12-Motor.

Mercedes-Benz
Ein Himmel voller Sterne

Den wohl bekanntesten und berühmtesten Markennamen Deutschland, Mercedes-Benz, gibt es seit über 70 Jahren. 1926 kam es zu der von langer Hand vorbereiteten Fusion der Autoproduzenten »Daimler-Motoren-Gesellschaft« (Stuttgart) und »Benz & Cie« (Mannheim). Es war keine Liebesheirat – im Gegenteil. Dieser Vernunftehe waren harte Verhandlungen, Intrigen, Eifersüchteleien von Vorstandsmitgliedern beider nicht überleben würden.

Die deutschen Autofirmen standen in den ersten Jahren der Nachkriegszeit vor großen Problemen. Wie konnte es – zum Beispiel – be Daimler weitergehen? Mit dem Knight-Schiebermotor, der seit 1910 in Untertürkheim gebaut wurde, begann 1919 die Friedensproduktion. Daß man die großen Erfahrungen mit den aufgeladener Flugmotoren des Ersten Weltkriegs für die Automobilproduktion

Gesichter einer Weltmarke: die S-Klasse und das 300 Sc Cabrio, 1957

Firmen, strategische Planspiele von Kapitaleignern, Banken und Spekulanten vorausgegangen. Schließlich hatte dann doch die Einsicht gesiegt, daß Daimler und Benz, jeder für sich, den immer härter werdenden Konkurrenzkampf bei dem mühevollen Neubeginn nach Ende des Ersten Weltkriegs nutzen würde, lag bei Daimler auf der Hand. Doch diese Konstrukticnskonzepte gingen am Mcrkt vorbei. Natürlich war es schick, potente Autos zu bauen, die durch Kompressormotoren schnell gemacht wurden; davon profitierten letztlich auch die Rennwagen der Marke Mercedes.

117

*Ein Roadster-Traum aus dem Jahre 1960:
der Mercedes-Benz 300 SL als Cabrio*

Aber die Personenwagen gehörten eindeutig in die Klasse der Luxusautos und hatten mit den Bedürfnissen des Massenmarktes nichts zu tun. Paul Daimlers »Kompressortrick« führte letzten Endes dazu, daß er bei der Daimler-Motor-Gesellschaft seinen Hut nehmen mußte. Er wechselte zur Firma Horch. Sein Nachfolger wurde Ferdinand Porsche, der die Technik der aufgeladenen Motoren eher noch vorantrieb. Bei Benz begann die Nachkriegsproduktion mit Abwarten und Zurückhaltung. Man baute in Mann-

8 Zylinder, 6,3 Liter Hubraum, 250 PS und jede Menge Platz: der Mercedes-Benz 600 von 1965 (ganz links); darunter der Rennsportwagen 300 SLR von 1955; links: das Mercedes-Benz-Coupé 220 E von 1960 und unten das Mercedes-Benz S V12-Coupé von 1996

heim auf dem bereits Bewährten auf und verkleinerte das Programm. So wurde der Typ 10/30, ein Vierzylinder, für den Stadtverkehr bis zur Fernreise und auch für gebirgige Strecken konzipiert. Zu einem technischen Höhepunkt wurde bei Benz der Rumpler »Tropfen-Rennwagen« von 1923, bei dem der Motor zwischen Fahrersitz und Hinterachse eingebaut war. Die wesentliche Neuerung war jedoch die hintere Schwingachse, genauer gesagt: die Pendelachse. Aber als Rennwagen war Rumplers Geniestreich nicht erfolgreich. Da hatte der erste Diesel-Lastwagen der Welt, 1923 von Benz präsentiert, schon größere Erfolgsaussichten. Er läutete eine neue Ära der Motortechnik ein.

Gab es einen tiefgreifenden Synergieeffekt, als es 1926 zur Fusion kam? Beide Firmen verfügten zu jenem Zeitpunkt über voneinander getrennte Personen- und Nutzfahrzeugproduktionen, und so dauerte die Verschmelzung von Daimler und Benz zu einer geschlossenen Firmeneinheit viele Jahre. Es kam ja darauf an, ehemalige Konkurrenten – einige Historiker sprechen sogar von »feindlichen« Konkurrenten – in kürzester Zeit zu einer friedlichen Familie zu vereinigen. Die Weltwirtschaftskrise überstand Daimler-Benz mit einem blauen Auge. Als die Nationalsozialisten 1933 an die Macht kamen, avancierte Mercedes-Benz quasi zur Staatsmarke. Die vielen Siege der »Silberpfeile« auf den Rennstrecken der Welt festigten den Ruhm dieser deutschen Prestigemarke. Die Autos mit dem Stern auf dem Kühler wurden von den Reichen, Schönen, Mächtigen – aber auch von den Bösen dieser Welt bevorzugt. Neben bombastischen Luxus-Tourenwagen gab es auch einen biederen Personenwagen, der durch seinen Motor in die Geschichte der Automobiltechnik eingehen sollte, der 260 D von 1936, der erste Diesel-Personenwagen der Welt. Der Ausbruch des Zweiten Weltkriegs 1939 brachte die unternehmerischen Planungen von Daimler-Benz durcheinander.

121

Ab dem 1. September gab es Benzin nur noch auf Bezugschein, und die Scheinwerfer aller Fahrzeuge mußten verdunkelt werden. Am 3. September 1939 wurde der private Verkauf von Autos verboten. Die Rüstungsproduktion hatte Vorrang. In Untertürkheim wurden jetzt Personenwagen – vorwiegend der 170 V – in Kübelausführung gebaut.

Es mag makaber klingen, aber von einigen hochtechnischen Errungenschaften der Rüstungsproduktion profitierte die Motorentechnik der Nachkriegszeit: Beispielsweise verdankt der Typ DB 601 seinen Erfolg der Benzineinspritzung, die für die Flugzeugtriebwerke entwickelt worden war.

Der Mercedes 300 SL von 1952 wurde bereits durch Benzineinspitzung »scharf« gemacht, wie später auch die sieggewohnten Rennsportwagen vom Typ 300 SLR und die Grand-Prix-Rennwagen. Wichtiger noch als der virtuose Umgang mit der Benzineinspritzung war 1953 die Entscheidung bei Daimler-Benz, den Übergang zur geräumigeren und luftwiderstandsärmeren Pontonkarosserie und gleichzeitig zu deren selbsttragender Bauweise zu vollziehen. 1953 trennte sich Daimler-Benz endgültig von der Technik, die noch vor Ausbruch des Krieges als Standard galt. Der Typ 180 war der erste Mercedes-Benz dieses für die Stuttgarter neuen Karosseriekonzepts; allerdings waren sie in Deutschland nicht die Vorreiter. Schon 1949 hatte Borgward das erste deutsche

Auto in Ponton-Form – den Hansa 1500 – vorgestellt. Die amerikanischen Unternehmen in der Bundesrepublik, Ford und Opel, hatten bald nachgezogen. Den traditionell eher konservativen Unterürkheimern war der Übergang zur neuen Form nur deswegen leicht gefallen, weil die Pontonform eindeutige funktionelle Vorzüge hatte. Die Grundfläche des Fahrzeugs ließ sich jetzt viel besser in Nutzraum umsetzen als bei den klassischen Karosserien mit ihren freistehenden Kotflügeln und Trittbrettern.

Es ist bald müßig zu betonen, daß die Nachkriegs-Ära von Mercedes-Benz eine einzigartige Erfolgs-Story ist. Vom ersten Nachkriegsautomobil, dem 170 V von Juli 1947, bis zum 30. Juni 1996 wurden insgesamt 14 687 993 Personenwagen produziert. Auch die Traditionspflege, Abteilung Corporate Identity, kommt nicht zu kurz: Mit dem Typ C 230 Kompressor kehrt auch die Motor-Aufladetechnik zurück. Sechzig Jahre nach ihrer großen Zeit, den dreißiger Jahren, erlebt sie eine faszinierende Renaissance, in einem 2,3-Liter-Kompressor-Vierzylinder mit 193 PS Leistung.

*Eine Auto-Legende:
der Mercedes-Benz 300 SL Flügeltürer von 1954 (Seite 122)
unten: Mercedes-Benz SL 600 Cabrio im Modelljahr 1996 und darunter: Mercedes-Benz SLK 230 mit Kompressor-Motor von 1996*

123

Seine Motortechnik knüpft an eine alte Tradition des Hauses an: Der 193-PS-4-Zylinder-Motor des Mercedes-Benz 230 SLK wird von einem Kompressor aufgeladen.

MG
Der Brite mit dem sportlichen Biß

Es gibt einige Automarken, mit denen man zwangsläufig die Vorstellung von einem »Good Old England« assoziiert, wie Rolls-Royce, Bentley – oder MG. Die ersteren gehörten zur Upper Class, ein MG aber zu den Abgehärteten und Sportlichsten im reinsten Sinn des Wortes. Wer nie in einem offenen MG bis auf die Haut naß wurde, der weiß nicht, was Autofahren pur bedeutet. MG ist heute eine Kultmarke. Dabei fing die Geschichte dieses legendären Sportwagens ganz normal an, zunächst einmal mit einem Auto der Marke Morris: In Oxford leitete Cecil Kimber eine Morris Garage und sah einen Bedarf für einen ganz leichten, preiswerten, kleinen Sportwagen. Als Basis diente ihm der Morris Oxford, den er dezent »aufmotzte«. Als Emblem dienten ihm die Anfangsbuchstaben von »Morris Garage« – also MG. Kimber hatte von Anfang an Erfolg und gründete 1925 die MG Car Company. Die Morris waren nicht wiederzuerkennen. Aus der 1,8-Liter-Familienkutsche Morris Oxford wurde der MG Super Sports. Es folgte zunächst das Modell 18/80, das mit einem, von einer obenliegenden Nockenwelle gesteuerten, 6-Zylinder-Motor (2468 ccm Hubraum) ausgerüstet war. Denselben hatte schon ein älteres Morris-Modell besessen.
Aber es war der Midget von 1929, der den Ruhm der jungen Marke begründete. Er basierte auf dem Morris Minor, der sich »wunderbar in ein Sportwägelchen für die Massen« verwandelte, wie ein englischer Autohistoriker schrieb. Aus dem bescheidenen Hubraum von 847 Kubikzentimetern holte Kimber eine Höchstgeschwindigkeit von 97 Stundenkilometern bei 20 PS heraus.
Kimber wagte sich schon früh an Kompressorenausführungen heran, wie den Midget-C-Typ. Ein richtiger, bissiger Rennwagen mit einem kleinen Sechszylinder-Kompressormotor und 1087 Kubikzentimeter Hubraum

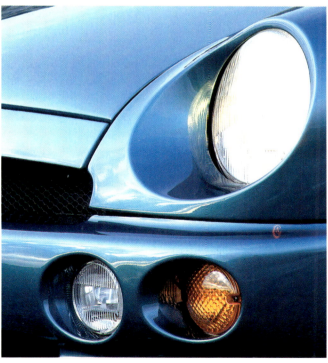

siegte bei der Tourist Trophy auf der Isle of Man, wobei ein später berühmter Rennfahrer am Steuer saß – Tazio Nuvolari.

Das Schicksal der Marke MG war von vielen »Ups« and »Downs« geprägt – eine unendliche Geschichte, von einfühlsamer Nostalgie bestimmt. Noch heute haben Modelle wie PA, PB, TA, TC, TF einen hohen Reiz bei Oldtimerfans und im Classic-Car-Segment. Sie sind nicht nur Sammler-Objekte, sondern immer noch ernst zu nehmende Wettbewerbswagen bei Oldtimer-Rennen. MG hat trotz vieler Rückschläge nie aufgegeben, wie das neueste Modell, der Typ MFG mit Mittelmotor beweisen will. Unter dem Dach von Rover, im Frühjahr 1994 von BMW aufgekauft, kann MG nun ein wenig Luft holen.

Ein MG TF Midget von 1954 – damals wie heute ein stilvolles Automobil. Der MG 1,8 VVC mit Mittelmotor von 1996 – er dokumentiert den Willen der BMW-Tochter, die über 70jährige Tradition der Marke aufrecht zu erhalten.

NSU RO 80
Die nicht geglückte Revolution des Automobils

Das Jahr 1967 hätte als Schicksalsjahr in die Geschichte des Automobils eingehen können: NSU präsentierte seinen von einem Wankel-Kreiskolbenmotor angetriebenen Typ RO 80, eine bestechend schöne Limousine, deren Blechkleid von Claus Luthe, dem späteren Chefdesigner von BMW, entworfen wurde. Sein Leben lang hatte Felix Wankel die Verwirklichung seines Traums verfolgt, den klassischen Hubkolbenmotor durch ein Aggregat zu ersetzen, in dem die Kraft nicht mehr durch das aufwendige Auf und Ab der Kolben erzeugt werden mußte. Denn für Wankel ergab der hoch- und niedergehende Kolben mit seinen Umlenkpunkten, um die Kraft eines kontrollierten Luft-Benzin-Gemisches in eine drehende Bewegung zum Antrieb von Rädern umzusetzen, nur wenig Sinn. Keinen stampfenden Hubkolben, sondern einen eleganten, sich drehenden Kolben hielt der geniale Tüftler für die richtige Lösung. Und so sah sie aus: Ein Kolben mit drei Kanten kann bei seiner eigenen Umdrehung auf Trochoid-Laufbahn (abgeflachter Kreis) die vier Arbeitstakte des Ottomotors ausführen, da er bei seiner exzentrischen Bewegung ständig drei sich vergrößernde und verkleinernde Kammern bildet. Im frontangetriebenen RO 80 saß ein Zwei-Scheiben-Wankelmotor, dessen Kammervolumen von zusammen 995 Kubikzentimetern einem Hubraum von 2 Litern eines Ottomotors entsprach. Der Motor leistete mit zwei Registervergasern und zwei Zündkerzen (je Scheibe) 115 PS. Die selektive Getriebeautomatik stammte von Fichtel & Sachs. NSU heimste Ruhm und Ehre mit seinem RO 80 ein: »Auto des Jahres 1967« – und die Tester lobten die Laufruhe des Motors, die hervorragende Verzögerung der vier Scheibenbremsen und die aerodynamisch günstige

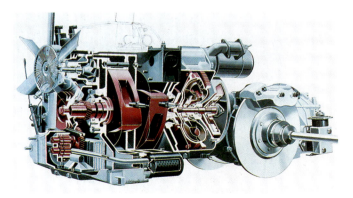

Karosserie, deren Optik auch heute noch nach 20 Jahren höchst aktuell ist. Aber stückzahlmäßig gingen die Blütenträume nicht auf. Das

»Revoluzzer«-Auto für eine aufbrechende junge Generation, die 68er, wurde von den stockkonservativen deutschen Autokäufern nicht angenommen. Außerdem witterte Wankel organisierten Boykott des internationalen Auto-Establishments. Von den mutigen Lizenznehmern ist nur Mazda mit seinem RX 7 übrig geblieben. Eher waren es wohl die technischen Probleme des Wankel-Triebwerks, die den Käufern Kummer bereiteten und sich schnell herumsprachen: allzu hoher Verbrauch und überdurchschnittlich viele kapitale Motorschäden. Letztere waren auf die Tatsache zurückzuführen, daß gerade die überschwenglich gelobte Drehfreude dem Motor zum Verhängnis wurde. Die Fahrer merkten vielfach nicht, daß sie die zulässige Höchstdrehzahl überschritten, was die Dichtleisten des dreieckförmigen Kolbens wiederum sofort übelnahmen.
Der Ruf des progressiven Autos war bald ruiniert. Vom RO 80 wurden von 1967 bis 1977 nicht mehr als 37 395 Exemplare gebaut. Mit dem Untergang des RO 80 verabschiedeten sich die NSU-Werke vom Automobilmarkt. Sie fusionieren unter der Konzernmutter Volkswagen mit Audi.

Der RO 80 von 1968 mit seinem Kreiskolbenmotor von Felix Wankel war eine Herausforderung für die konservative Autoindustrie. Der Doppelkolben-Motor brachte bei einem Gesamthubraum von 994 Kubikzentimetern eine Leistung von 130 PS.

129

Packard
Juwel einer amerikanischen Ära

Packard ist – oder besser war – eine der großen amerikanischen Automarken. Sie wurde 1898 von den Brüdern J.W. und W.D. Packard gegründet, nachdem diese einen Wagen der Firma Winton erworben hatten und der Ansicht waren, das könne man besser machen. Ihr erster Packard rollte 1899 auf Amerikas Straßen. Es war ein Einzylinder, mit Kettenantrieb und einer Leistung von 12 PS. 1904 folgte der erste Packard-Vierzylinder. Entworfen hatte ihn der französische Konstrukteur Charles Schmidt, der schon für die Firma Mors tätig gewesen war.

Im ersten Jahrzehnt des 20. Jahrhunderts zeichnete sich eine interessante Entwicklung in den USA ab: Während Henry Ford 1908 seine »Tin Lizzie« lancierte – ein Ausbund an Häßlichkeit und Funktionalität – konzentrierte sich Packard mehr und mehr auf vielzylindrige Autos. 1912 gab es sogar einen Sechszylinder, bei dem schon eine elektrische Beleuchtungsanlage und eine elektrische Zündung angeboten wurden. Ein Meilenstein in der Geschichte des Automobils wurde im Jahr 1916 der Packard Twin Six, das erste Serienauto der Welt mit einem Zwölfzylinder. Sein V12-Motor hatte einen Hubraum von 6.950 Kubikzentimetern und leistete 85 PS.

Die Firma ging flexibel auf die Wünsche der Kunden ein und offerierte Karosserievarianten, die auf solch schöne Namen hörten wie Spider, Torpedo, Landaulette, Coupé, Brougham, Limousine. Der Packard Twelve Six war auch das erste amerikanische Auto, in dem Aluminiumkolben verwendet wurden.

Packards Modellstrategie war simpel, aber selbstbewußt: Von 1916 bis 1920 wurde ausschließlich der Twin Six produziert. Nach dem Ersten Weltkrieg konzentrierte sich die Firma auf das Luxuswagen-Segment und verkaufte dort mehr Exemplare als alle anderen Konkurrenten zusammen. Flotte Werbe-Slogans animierten die Käufer: »Fragen Sie den, der schon einen hat!« Beliebt war auch der Slogan: »Packard – Juwel der Jazz-Ära«. Mitte der dreißiger Jahre protzte die Firma mit einem 7-Liter-V12-Motor, und alle Packards hatten zu jener Zeit schon ein Synchron-Getriebe und Servobremsen.

Im Zweiten Weltkrieg wurde Packard in die Rüstungsproduktion einbezogen und stellte Rolls-Royce-Merlin-Flugmotoren her. Übrigens war diese Kriegsproduktion immerhin so lukrativ, daß Packard nach Kriegsende schuldenfrei den Autobau wieder aufnehmen konnte. Das Image der Marke war ungebrochen. Schon vor dem Krieg hatten die Mächtigen der Welt Packards gekauft, so Josef Stalin im Jahr 1938, als er einen luxuriösen Super Eight orderte.

Nach dem Krieg kam die Produktion zunächst gut in Gang. Aber es war ein Fehler, 1954 die notleidende Firma Studebaker zu kaufen. Packard hatte sich übernommen und mußte 1958 die Segel streichen.

Packard Custom Cabrio von 1948 (oben) und links zwei Beispiele für Packards vielgerühmte Kühlerfiguren

Vorbote der »Amischlitten«: der Plymouth P 12 von 1944

Plymouth
Ein konservativer Amerikaner im neuen Gewand

Walter P. Chrysler, neben Henry Ford der »andere« Autokönig Amerikas, gründete 1928, fünf Jahre nach Gründung der Marke Chrysler, die Firma Plymouth. Er wollte damit der Mittelklasse von Ford und Chevrolet Konkurrenz machen. Bis 1932 baute er nur Vierzylinder. Dann begann er mit Sechszylinder-Modellen, die bis 1934 für nur 600 Dollar zu haben waren. Alles in allem ging es bis zum Zweiten Weltkrieg bei Plymouth bieder-konservativ zu.
Nachdem die Vereinigten Staaten nach der deutschen Kriegserklärung vom 11. Dezember 1941 auf Rüstungsproduktion umstellen mußten, wurde auch bei Plymouth die Auto-Produktion heruntergeschraubt. Es wurden jetzt vornehmlich Munition und Panzermotoren produziert. Was aber Konstrukteure und Designer wie A. B. Grisinger, John Chika und Herb Weissinger nicht davon abhielt, für die Nachkriegszeit zu planen und zu entwerfen, soweit es ihre Zeit erlaubte.
Als Ende 1945 die Personenwagen-Produktion in vollem Umfang wieder aufgenommen wurde, liefen zunächst noch leicht modifizierte Vorkriegsmodelle vom Band. Dann verordnete die Mutterfirma Chrysler sich und ihren Töchtern Plymouth, Dodge und De Soto eine Frischzellenkur. Sie führte zu neu gezeichneten, geräumigeren und zugleich kompakteren Karosserien. Zu einer konsequenten Pontonform konnte man sich noch nicht durchringen, denn die hinteren Kotflügel wirkten immer noch angesetzt. Mechanisch gab es nichts Neues, außer einer auf 7:1 erhöhten Verdichtung. Als das Festhalten an überlieferten Karosseriekonzepten bei Plymouth zu sinkenden Stückzahlen führte, entschloß sich die Chrysler Corporation zu tiefgreifenden Veränderungen des Designs. Chefdesigner Virgil Exner wagte, beraten von Ghia in Turin, einige futuristische Karosserien. Die ersten Ergebnisse zeigten sich bei den Serienmodellen des Jahres 1955. Die Plymouth-Autos wirkten nun moderner, wuchtiger und größer. Neu waren die überdachten Scheinwerfer, die Panorama-Windschutzscheibe und die mutighellen Farben.
Im Jahr 1957 bereits konnte die Chrysler Corporation die Produktion des zehnmillionsten Plymouth melden.

131

Pontiac
Der Sportler im Konzern

Pontiac gilt in der großen General-Motors-Familie als das »Nesthäkchen«, das für die sportlichen Belange des Auto-Giganten zuständig ist. Die Marke mit dem Indianerkopf im Wappen ist die jüngste in der Firmen-Chronologie von General Motors: Chevrolet, Oldsmobile, Buick, Cadillac und Pontiac. Sie war 1926 aus der Marke Oakland hervorgegangen.

Unter den zahlreichen Baureihen von Pontiac kamen die Typen Bonneville und Catalina unserer klischeehaften Vorstellung vom »Amischlitten« am nächsten. Wuchtige V8-Motoren mit bis zu 7 Litern Hubraum waren Ehrensache. Es gab bei General Motors erhebliche Irritationen, als der Ford Mustang zu einem Riesenhit wurde. Das Signal zum Gegensteuern ließ nicht lange auf sich warten: Bei Chevrolet mit dem Camaro, bei Pontiac 1967 mit dem Firebird. Letzterer hatte die gleiche attraktive Karosserielinie wie der Camaro und wurde ebenfalls als Coupé und als Cabrio angeboten. Mit dem Firebird führte Pontiac wieder die selbsttragende Bauweise ein, wie sie schon bei den frühen Wagen der Typenreihe Tempest existierte.

Zunächst bestückte man den Firebird mit einem 3,8-Liter-Sechszylinder, aber sehr bald waren auch V8-Motoren mit 5,3 und 6,6 Litern Hubraum im Angebot. Als der Firebird 1967 auf den amerikanischen Markt kam, waren Sicherheitseinrichtungen wie Zweikreis-Bremsanlage, Sicherheitslenksäule, verformbares Armaturenbrett, Hüft-Sicherheitsgurte und Notblink-Lichtanlage bereits Standard. Wer als Kunde den Komfort des Firebirds noch verbessern wollte, konnte Servobremsen, Servolenkung, Heckscheibenentfroster und eine Kli-

maanlage ordern. Das auch heute noch von unzähligen Autofahrern als Zumutung empfundene aufblasbare Not-Reserverad galt 1967 als serienmäßige Extravaganz. Der Firebird war über all die Jahre hinweg ein interessantes Evolutionsobjekt, bei dem man gern Neuheiten ausprobierte, wie etwa 1969 die in die Windschutzscheibe integrierte Radioantenne.

In Verbindung mit dem sogenannten »Ram Air Package«, einer Art Tuner-Kit, brachte es der Firebird auf 340 PS. Das legendäre TransAM-Coupé war mit einem V8-Motor (6555 Kubikzentimeter) und 300 PS Leistung innerhalb der Typenreihe das »Macho-Auto«.

Jedoch haben die Firebird-Konstrukteure in punkto Fahrkomfort so gut wie nichts dazugelernt. So schreibt »auto, motor & sport« über den Firebird der jüngeren Generation: »Der Komfort bleibt bei der primitiven Fahrwerks-Konstruktion auf der Strecke. Die Federung erzielt nur einen bescheidenen Erfolg in ihrem Bemühen, Fahrbahnstöße von den Insassen fernzuhalten.« Eingefleischte Fans interessierte das jedoch nie. Denn zum einen war der Firebird immer als sportliche Programm-Ergänzung zum »gepflegteren« Camaro gedacht, den hierzulande der Serien-Detektiv Jim Rockford bekannt machte. Und zum anderen fährt man auf amerikanischen Highways nun einmal gelassener als auf europäischen Autobahnen. Den meisten Spaß hat man mit dem Firebird, wenn man durch die engen Gassen von St. Tropez rollt und das satte Bollern des V6-Motors die Musik zum schicken Boulevard Driving macht.

Die derzeit jüngste Modell-Variante des Pontiac Firebird als Cabrio von 1996 (links)
Wahlweise mit 6- oder 8-Zylinder-Motor zu haben:
der Pontiac Chieftain von 1953 (ganz oben) und darunter:
der Pontiac Bonneville von 1964

Porsche
Eine fahrende Legende

Wer es wagt, sich dem Porsche 911, dem Carrera, beschreibend zu nähern, der kann leicht ins Schleudern geraten. Hunderte von Büchern sind über das Phänomen Porsche geschrieben und eigentlich ist immer dieser längst zum Mythos verklärte Heckwagen gemeint. Die deutschen Männer haben ihn zu ihrem ultimativen Traumwagen erklärt, ohne daß die Mehrzahl der Träumer ihn je bewegt hätte. Ich erinnere mich immer wieder gern an eine Italienreise mit dem 911. Mein Ziel war der Comer See und hier das Städtchen Bellagio. Der Porsche rollte über ein Pflaster, auf dem schon Leonardo da Vinci, Napoleon, Mark Twain, Franz Liszt und Arturo Toscanini geschritten waren. Es war Sonnabend und allmählich trafen die ersten Playboys aus Mailand ein. Ihre Ferraris, Maseratis und Lamborghinis hechelten eifersüchtig am Bürzel des Carrera vorbei, und die amerikanischen Gäste der Villa Serbelloni, im Besitz der Rockefeller-Stiftung, fanden sich zum Cappuccino auf der Piazza ein. Die Schöngeister unter ihnen verstiegen sich zu dem Bekenntnis, der Carrera passe ideal zur eleganten Wucht der tausendjährigen St. Jacobs-Basilika. Man könne sich wahrlich keinen Thunderbird, Mustang oder einen Cobra in diesem Ambiente vorstellen. Ein Porsche sei nun mal ein Produkt des Abendlandes, ein »Gesamtkunstwerk«.

Auch würde man gern wissen, wie denn der innovative Tüftler Leonardo da Vinci das Heckmotor-Prinzip des 911 bewertet hätte, wonach die Pferde den Wagen schieben, nicht ziehen, wie bei der Mehrzahl der Autos ... Feuilletonistisches und Schöngeistiges ohne Ende rund um ein Auto, das als Prototyp des potenten Sportwagens schlechthin gilt und das eine Unzahl von Varianten geboren hat. Aber so ist es wohl: Der Carrera ist längst in den Bereich des Irrationalen vorgedrungen. Er stimuliert und erotisiert. So nahm das Benzingespräch, dem wir Europäer so gern nachhängen, am Comer See eine überraschende Wende. Unsere amerikanischen Freunde wollten gar nicht wissen, wieviel denn der Wagen »mache«, sondern sie verstiegen sich zu den Gedankenspielen, welche Musik man mit einem Carrera am besten assoziieren könne.

Auf Deutschlands Autobahnen etwa Richard Wagners »Ritt der Walküre«, beim langsamen Boulevard Driving in Los Angeles James Browns' »I'm a sex machine« und zum Grande Finale mit der Co-Pilotin gar Ravels »Bolero«. Schließlich ist beim Thema Porsche ja immer auch eine verkappte sexuelle Komponente im Spiel. Porschefahren als Libido-Ersatz – Sigmund Freud hätte an einem Carrera seine Freude gehabt, als Phallus-Symbol, als Liebesersatz, als Jungbrunnen in der Midlife-Crisis.
Und so weiß mancher Porschefahrer, der in den Herbst seines Lebens eingetreten ist und beim Ein- und Aussteigen an seine Arthrose erinnert wird, daß seine Chancen bei ganz jungen Frauen spürbar steigen.
Diese italienische Reise habe ich ein Jahr später mit einem Porsche 968 wiederholt – mit dem gewaltigen, wunderbaren Vierzylinder. Jedoch: Kein Italiener ließ sich die Motorhaube öffnen, keine Entzückensrufe über die »bella macchina«, kein Aufsehen.

Den Porsche 356 aus dem Modelljahr 1963 zeigen die Bilder auf den Seiten 134 und 135.
Oben: ein Porsche 904 GTS Coupé von 1964.
Die Abbildung ganz links entstand am 30. September 1955; sie zeigt James Dean und neben ihm seinen Rennmechaniker Rolf Wütherich wenige Stunden vor dem Unfall, bei dem der Hollywood-Star in seinem Porsche 550 A 1500 RS (siehe auch Foto links) ums Leben kam. James Dean hob Wütherichs Hand und soll gerufen haben: »Hej, wir werden gewinnen!«

So grausam kann die Autowelt sein: Von den Porsche-Vierzylindern (924, 944, 968) und auch vom bulligen Typ 928 mit seinem herrlichen Fünf-Liter-V8-Motor sprechen nur noch detailbesessene Historiker. Und dabei waren sie dem 911 allesamt technisch überlegen. Der Motor kam nach vorn – für fanatische Porschefreaks schon ein Sakrileg. Wesentliches Merkmal der Frontmotor-Porsches war die sogenannte Transaxle-Bauweise. Im »Großen Porschetypen-Buch« von Lothar Boschen und Jürgen Barth lesen wir über den Typ 924, der den Frontmotor-Reigen eröffnete: »Der wassergekühlte Motor ist vorn eingebaut, das Getriebe liegt an der angetriebenen Hinterachse. Der einschließlich Kupplung vorn liegende Motor ist mit ihr durch ein fast zwei Meter langes starres Tragrohr verbunden, in dem, vierfach gelagert, die 20 mm dünne drehelastische Antriebswelle läuft.«

Der 924, von Porsche-Puristen als »gar kein richtiger Porsche« abqualifiziert, war schon Ende 1977 der meistgekaufte Sportwagen der Welt. Das Transaxle-Prinzip machte auch den 944, 968 und 928 zu High-Tech-Produkten des Automobilbaus. Sie haben jedoch den brutalen Ausleseprozeß, den die Heckmotor-Philosophen initiierten, nicht überstanden. »Wenn schon Porsche, dann den 911 als den einzigen lupenreinen Zuffenhausener!« so lautet deren Credo. Aber ach – da gibt es eine kleine, verschworene Gemeinschaft, die den heckangetriebenen Typ 356 für den Nukleus aller Porsches halten, und der stammt aus den Jahren 1949 bis 1955.

Neben zwei so grundverschiedenen Antriebsprinzipien wie luftgekühlter Heckmotor einerseits, wassergekühlter Frontmotor andererseits leistete sich Porsche noch eine dritte Triebwerkspositionierung: den Mittelmotor, und das ausgerechnet bei einem Typ, dem von Anfang an ein zwitterhafter Charakter bescheinigt wurde: der 914.

Er war das Produkt gemeinsamer Studien von VW und Porsche. Sowohl der 914-4 (mit vier Zylindern) als auch der 914-6 (mit sechs Zylindern) hatten von Anfang an Image-Probleme auf dem Markt. Der 914 war nun mal nicht »porsche-like«. In späteren Jahren oft verkannt, war der VW-Porsche zwischen 1969 und 1974 im Porsche-Programm ein Bestseller, der es in seiner relativ kurzen Dienstzeit auf reichlich 100 000 Exemplare brachte. Das Mittelmotor-Prinzip ist seit dem 914 längst rehabilitiert und zu einer Standard-Bauweise im Rennsport geworden.

Porsche 906 von 1966

138

Oben: Porsche 911 Carrera, 1974; darunter die Porsche-Modellfamilie des Jahres 1996 und rechts: der Motor des Porsche 906

Der Name Porsche ist seit Jahrzehnten ein Synonym für unzählige Erfolge im Rennsport: 14 Marken- und Team-Weltmeisterschaften, 14 Siege bei den 24-Stunden-Rennen von Le Mans, dreimalige Formel-1-Weltmeisterschaft, vier Mal Rallye Monte Carlo, elf Mal Targa Florio und so weiter.

Das ständige Cross-Over zwischen Serien- und Rennsportwagen der unterschiedlichsten Spezifizierungen ist seit 1949 immer die kreative Antriebskraft der Evolutionsprozesse in Zuffenhausen gewesen. Das beweist auch die neueste Kreation, der Boxster. Er wird von einem wassergekühlten Sechszylinder-Mittelmotor angetrieben, der bei einem Hubraum von 2,5 Litern 204 PS leistet. Und damit schließt sich ein faszinierender Kreis, denn auch der »Porsche Nummer 1« (356/1) von 1947 hatte noch einen Mittelmotor.

Oben das jüngste Modell der Zuffenhausener: der Porsche Boxster, darunter der Porsche GT 1 und rechts sowie auf der folgenden Doppelseite: der ultimative Porsche – der 911 Turbo.

Der Rinspeed Yello Talbot aus der Schweiz ist ein Original-Nachbau eines Talbot Lago SS von 1938; ein Ford-V8-Motor treibt ihn an.

Rinspeed
Mehr als nur eine Kopie

Um der Wahrheit von vornherein die Ehre zu geben: der Rinspeed Yello Talbo ist der Nachbau eines einst berühmten Tourenwagens, des Talbot Lago SS Coupé, karossiert von Figoni & Falaschi. Demnach eine Replica – ein Begriff, an dem sich die (Oldtimer)-Geister scheiden. Kann man solche – wenn auch perfekten – Nachbauten ernst nehmen? Im Oldtimer-Lexikon von Halwart Schrader wird der Begriff »Replica« wie folgt definiert: »Das ist eine Bezeichnung für einen Oldtimer-Nachbau. Es gibt sowohl komplette Replica-Nachbauten (z.B. BMW 328-Replica, hergestellt von Sbarro in der Schweiz) als auch Replica-Karosserien, die man auf echte Veteranen-Fahrgestelle setzt, wenn der Originalaufbau nicht mehr vorhanden oder nicht mehr zu restaurieren ist.« Der Nachbau des Talbot Lago SS Coupés ist perfekt gelungen. Das Original entstand in einer Zeit, als die französischen Karossiers auf der Suche nach neuen Formen und eigenständigen Linien waren. Es kam vor allem auf Eleganz an, wobei die Bequemlichkeit beim Einsteigen und das Fassungsvermögen des Kofferraums zweitrangig waren.

Knapp sechzig Jahre später greift Rinspeed Design, renommierte Schweizer Edelschmiede im Automobilbau, diese traditionellen und bestechend schönen Formen wieder auf und schafft den Rinspeed Yello Talbo.

Von dem früheren Ingenieur George Balschak aus North Palm Beach, Florida, komplett von Hand gebaut, hat dieses aufwendige Unterfangen auch seinen stattlichen Preis: 179 000 Schweizer Franken. Eine Zubehörliste gibt es nicht. Alle Sonderausstattungen sind serienmäßig.

Der originale Talbot Lago SS wurde von einem 4-Liter-Motor mit 140 PS Leistung angetrieben. Laut Werksangabe betrug die Höchstgeschwindigkeit bis zu 170 Stundenkilometer.

Der Replica von heute wird von einem Fünf-Liter-Ford-V8-Motor, gepaart mit einem mechanischen Kompressor, bei 320 PS Leistung auf Trab gebracht.

Die geschwungene Form des Rinspeed-Radkastens

Rolls-Royce
Wie der Rolls zum Royce kam

Die Geschichte der berühmtesten Automarke der Welt begann, als sich im Jahr 1902 der Elektromeister Henry Royce, geboren 1853, einen Decauville kaufte, ein französisches Auto mit 2 Zylindern und 10 PS Leistung. Dem ehrbaren und tüchtigen Royce aus Manchester gehörte eine Fabrik für Dynamos und elektrische Kräne.
Die technischen Macken seines kleinen französischen Autos gingen ihm dermaßen auf die Nerven, daß sich der Vollbluttechniker Royce entschloß, selbst ein Auto zu bauen. Was gut war am Decauville übernahm er, was schlecht war (die Elektrik, der Vergaser und die Schaltung) verbesserte er. Am 1. April 1904 startete der erste Royce zu seiner Jungfernfahrt.
Die Royce-Wagen hatten elastischere Motoren, liefen ruhiger, waren verläßlicher und sorgfältiger verarbeitet als die der Konkurrenten. Jetzt erst taucht Charles Stewart Rolls in der Geschichte dieser vornehmen Marke auf.

Das berühmteste Auto-Gesicht der Welt: der Rolls-Royce Silver Spirit; unten: ein Rolls-Royce Silver Cloud III von 1964. Nächste Seiten: Rolls-Royce Corniche von 1971

Rolls, geboren im Jahr 1877, war der dritte Sohn des Lord Llangatock, also in der gesellschaftlichen Stellung dem Elektromeister Royce turmhoch überlegen. Rolls gehörte zu jenen Mitgliedern des britischen Hochadels, die sich sehr früh schon mit dem neuen revolutionären Fortbewegungsmittel Automobil befaßten. Der autoverrückte Rolls importierte als Händler sogar französische Autos, um die Nachfrage seiner Standesgenossen befriedigen zu können. Sein Freund Claude Johnson, Sekretär des damals schon feudalen Automobilclubs von Großbritannien, machte ihn auf das Auto aus Manchester aufmerksam. Rolls absolvierte einige Testfahrten mit dem 10 PS starken Royce und war so beeindruckt, daß er dem autobauenden Elektromeister eine Partnerschaft anbot. Sie wurden Kompagnons und gründeten 1906 die Rolls-Royce Ltd., mit Claude Johnson als Geschäftsführer.

Das Stammkapital der neuen Firma betrug 60 000 Pfund. Ein Jahr später erblickte der legendäre Typ Silver Ghost das Licht der Welt und war auf Anhieb ein Verkaufsschlager. Der Silver Ghost kam genau zur richtigen Zeit. Das britische Weltreich stand in voller Blüte. Eine Schnepfenjagd in Schottland, eine Stadtvilla in London, ein Schloß irgendwo in England, eine Motoryacht vor Monte Carlo und ein Rolls-Royce vor der Haustür – so sahen die Statussymbole des englischen Hochadels aus. Rolls und Royce waren auch clevere Werbe- und Kauf-

leute. Sie verpaßten ihren Autos nicht nur die berühmte »Emily«, einer Skulptur des Bildhauers Charles Syke nachempfunden, sondern sorgten auch für ein sportliches Image ihrer Marke. RR-Wagen nahmen an vielen Rennen teil und Rolls saß selbst am Steuer. Der Silver Ghost wurde bald zum Lieblingsobjekt einer Reihe von Karosseriebauern. Rolls-Royce hat nie selber Karosserien hergestellt. Bis 1925 wurden 6173 Silver Ghosts gebaut, von denen die Hälfte heute noch unterwegs ist. Übrigens war die Typenstrategie der Herren Rolls, Royce und Johnson geradezu revolutionär: sie befolgten bis 1922 eine Ein-Modell-Politik. In jenem Jahr lancierten sie einen sogenannten »Volks-Rolls-Royce«, den Typ Twenty.

So erfolgreich sich die Firma auch entwickelte: zwei tragische Ereignisse überschatteten die Jahre bis zum Ersten Weltkrieg. Charles Stewart Rolls stürzte 1911 mit einem Bi-Plane über dem Seebad Brighton ab und war sofort tot. Henry Royce erkrankte im selben Jahr so schwer, daß er auf ständige Pflege angewiesen war. Claude Johnson war in diesen Krisenjahren die gute Seele der Firma und ihre treibende Kraft. Er war sehr besorgt darum, dem genialen Konstrukteur Royce das Leben so angenehm wie möglich zu machen, damit seine Schaffenskraft dem Unternehmen noch lange erhalten blieb.

Rolls-Royce Silver Spirit von 1995 (links); ganz oben: ein Silver Cloud II von 1964 und darunter ein Silver Dawn aus dem Jahre 1954

Darum richtete er seinem Freund und Partner an der Riviera, in Le Canadel, ein elegantes Refugium ein, von wo aus der kränkelnde Royce bis zu seinem Tod im Jahr 1933 die Geschicke der Firma leitete. Wenn man bedenkt, daß die Kommunikationsmittel zu jener Zeit bei weitem noch nicht so hoch entwickelt waren wie heute, so war diese »Firmenfernsteuerung« (von der Côte d'Azur nach Derby) ein logistisches Meisterstück.

Rolls-Royce Executive Car – ein rollendes Luxus-Büro, das an Komfort wirklich wenig Wünsche offen läßt.

Im Ersten Weltkrieg wurden aus vielen der RR-Luxuskarossen geländegängige Kampfwagen, und reiche Adelige stellten sich und ihren Rolls-Royce freiwillig für den Dienst in der britischen Armee zur Verfügung, wobei sie selbst als Fahrer fungierten. Lawrence von Arabien preschte mit einem ganzen Pulk von Silver Ghosts durch die Wüste, und nach dem Krieg orderte sogar Wladimir Iljitsch Lenin einige Rolls-Royces, um damit besser Jagd auf die Reichen dieser Welt machen zu können ...

Ab 1925 wurde bei Rolls-Royce »geklotzt«: Die Phantom-Serie mit den Modellen I, II und III trat ihren Siegeszug an. Es waren mit die schönsten Autos, die jemals gebaut wurden.

»Emily«, die legendäre Kühlerfigur; der Rolls-Royce Silver Cloud I (oben und Details)

155

Die Rolls-Royce-Geschäfte florierten Ende der zwanziger, Anfang der dreißiger Jahre so gut, daß man die notleidende Marke Bentley aufkaufen und weiterführen konnte.

Während des Zweiten Weltkriegs lag die Autoproduktion still. 1947 kam dann der Silver Wraith auf den Markt, ein breithüftiges, pompöses Fahrzeug. Daneben gab es noch den mächtigen Achtzylinder Phantom IV und den relativ zierlichen Silver Dawn. Daran schlossen sich die Typen Silver Cloud, Silver Shadow, Silver Wraith, Silver Spirit, Silver Spur und elegante Coupés und Cabrios wie Camargue und Corniche an.

Jedoch – Glanz und Gloria haben der Nobelauto-Schmiede wenig genutzt. Im Februar 1971 war Rolls-Royce, Produzent von Flugzeugtriebwerken und Luxusautos, pleite. Die rentable Autoproduktion wurde Bestandteil des Rüstungskonzerns Vickers, während die Rolls-Royce Flugzeug-Triebwerke zunächst verstaatlicht und unter Margaret Thatcher reprivatisiert wurden.

Mit BMW besteht ein Gemeinschaftsunternehmen BMW-Rolls-Royce GmbH in Oberursel, das Flugzeug-Triebwerke entwickelt.

Rolls-Royce Corniche II von 1985 (ganz oben); die beiden oberen Fotos zeigen verschiedene Ausführung desselben Modells: Rolls-Royce Silver Spur von 1996.

Salmson S 4 E, der zwischen 1939 und 1946 gebaut wurde – eine Karosserie mit französischem Chic, der auch nach dem Krieg noch gefiel.

Salmson
Vom Flugzeugmotor zum Luxusauto

Emile Salmson gehörte – wie beispielsweise auch Henri und Maurice Farman und Gabriel Voisin – zu jenem Kreis französischer Flugzeugmotoren-Hersteller, die im Ersten Weltkrieg überaus effektvolle Triebwerke bauten und nach Kriegsende Automobilkonstrukteure wurden. Salmson lieferte mit seiner Firma Société des Moteurs Salmson während des Krieges sieben- und neunzylindrige Sternmotoren. Nach seinem Tod 1919 übernahmen seine Söhne das Unternehmen und begannen mit dem Bau von Autos. Zunächst war es der Lizenz-Nachbau eines sogenannten Cyclecars der britischen Firma GN. Immerhin kamen sie auf eine Stückzahl von 3000 Exemplaren. Ihr erstes eigenes Auto präsentierten sie 1921, ebenfalls im Cyclecar-Design, aber mit Kardanantrieb und einer Hinterachse ohne Differential. Der Motor war ein technischer Leckerbissen. Es war ein Vierzylinder mit 1086 Kubikzentimetern Hubraum und besaß als Besonderheit eine Ventilsteuerung mit einer Stößelstange pro Zylinder, die in Hub- (Auslaß-) und Zugbetrieb (Einlaßventil) arbeitete. An den Motor angeflanscht war statt eines Kettengetriebes, wie bei den in Lizenz gefertigten GN, ein gewöhnliches 3-Gang-Getriebe. Emile Petit, der Entwicklungsingenieur von Salmson entwickelte danach sehr schnelle Sport- und Rennwagen mit Doppelnockenwellenmotoren, die unter anderem Klassensiege in Le Mans und bei der Targa Florio errangen.

Den mutigen Schritt ins Segment der luxuriösen, sportlichen Tourenwagen wagte Salmson in den dreißiger Jahren, nachdem die kleinen bissigen und wuseligen Sport- und Rennwagen in Frankreich nicht mehr gefragt waren. Zu den sogenannten Luxusmarken Frankreichs zählten neben Salmson unter anderem noch Bugatti, Delage, Delahaye, Hotchkiss und Talbot.

Das Angebot der in Billancourt ansässigen Salmsonwerke war vor allem nach dem Zweiten Weltkrieg in puncto Karosserien sehr attraktiv. Wie die meisten Firmen rettete auch Salmson sein letztes Vorkriegsmodell in die Nachkriegszeit: den hier abgebildeten Typ S 4 E von 1939. Dieses Modell mit seinem 4-Zylinder-Motor und 2320 Kubikzentimetern Hubraum, war mit eben mal 70 PS verhältnismäßig schwach motorisiert. Dennoch ging es unter der Motorhaube elitär zu: zwei obenliegende Nockenwellen, angetrieben durch eine Königswelle. Ein sogenanntes Federspeichenlenkrad sollte die von der Straße durchkommenden Stöße abfedern. Wie bei vielen französischen Wagen aus jener Zeit konnte statt eines normalen 4-Gang-Getriebes ein Cotal-Vorwählgetriebe eingebaut werden. Bei diesem betätigte man nur zum Anfahren die Kupplung, alle anderen Gänge konnten ohne Kupplungsbetätigung mit Hilfe eines kleinen Schalters aktiviert werden.

Für die Firma Salmson kam 12 Jahre nach Kriegsende, im Jahr 1957 das Aus.

Studebaker
Vom Untergang der Schönheit

Auf diese traditionsreiche amerikanische Automarke trifft die bittere Erkenntnis zu: »Vornehm geht die Welt zugrunde«. Studebaker hatte ab 1902 Autos gebaut, den ersten Wagen mit Elektroantrieb. 1904 gab es den ersten Studebaker mit Benzinmotor (2-Zylinder-Boxer). Es folgten große 4- und 6-, später auch 8-Zylinder-Wagen. Ab 1923 verließen nur noch Ganzstahlkarosserien die Werkshallen in South Bend, Indiana. 1928 übernahm Studebaker die Firma Pierce Arrow, und 1931 schlupfte bei den Autobauern aus Indiana auch noch die Marke Rockne unter. Daß man nicht in Detroit Autos baute, wie General Motors, Ford und Chrysler, hatte auch Symbolcharakter. Studebaker war immer etwas anderes als die Großen vom Lake St. Clair. So liefen 1929 zwei 6-Zylinder vom Fließband, der Commander und der Dictator. Vom Typ President, den man 14 Jahre lang baute, gab es insgesamt 20 verschiedene Versionen. 1935 konnte man mit Mühe eine schwere finanzielle Krise überwinden und setzte ab 1938 auf die Kreativität des legendären Designers Raymond Loewy.

Bei Amerikas Hausfrauen war Loewy durch einen praxisnahen Kühlschrank längst ein Begriff geworden. Er hatte einen Kühlschrank mit installiertem Fußpedal entwickelt, so daß man seine Tür auch dann öffnen konnte, wenn man beide Hände »voll« hatte.

Als Autodesigner kam Loewys große Zeit nach dem Zweiten Weltkrieg. Die Studebaker-Nachkriegstypen Champion und Commander waren unverwechselbar seine Kinder: nur noch etwas über 150 cm hohe Karosserien, die durch ungewöhnliche Stilelemente auffielen. Der Motor war stark nach vorn gekommen, wodurch es möglich war, die Fondsitze noch vor der Hinterachse zu montieren. Zwei Dinge prägten den Studebaker der Nachkriegszeit: auf der einen Seite die brillante Kreativität von Raymond Loewy, auf der anderen Seite ständige finanzielle Schwierigkeiten. Auch der Zusammenschluß mit der ebenfalls notleidenden Marke Packard im Jahr 1954 brachte keine Synergie-Effekte. Wenn sich zwei lahme Enten zusammentun, ergibt das noch lange keinen Schwan. Bemerkenswert, daß in diese Zeit des Niedergangs die Entwicklung der Typenreihe Hawk fällt, eines der schönsten Studebaker-Modelle, das je gebaut wurde. Während zum Beispiel Cadillac zur selben Zeit (1956) mit breithüftigen, dickschiffartigen Karosserien protzte, war das Studebaker-Spitzenmodell Golden Hawk ein ästhetischer Genuß. Von Loewys Assistenten Bob Bourke gestylt, konnte es auch mit einem kraftvollen Packard-Motor aufwarten. Der V8 leistete bei 5,8 Litern Hubraum 275 PS. Die Hawk-Reihe war vor allem im Jahr 1956 ein großer Erfolg. Man verkaufte ebenso viele Coupés wie die drei anderen »Sportwagenmarken« Thunderbird, Corvette und Chrysler 300 B zusammen. Bittere Ironie: je mehr das Renommee der Marke Studebaker wuchs, desto verzweifelter wurden die Versuche, das sich abzeichnende wirtschaftliche Desaster aufzuhalten. 1969 kam unwiderruflich das bittere Ende.

Ein Studebaker Hawk von 1958 – das Karosserie-Design stammt von Raymond Loewy.

TOYOTA

Toyota 2000 GT
Elegantes aus dem Fernen Osten

Als Daimler und Benz bereits ihre ersten Autos über das schwäbische Kopfsteinpflaster rollen ließen, da dachte im fernen Japan bei der Textilfirma Toyoda – ja, mit »d« – noch niemand an den Bau von Autos. Hauptkunde war damals die japanische Armee, die bei dem damals schon straff organisierten Familienunternehmen Uniformen zu Hunderttausenden bestellte.

Eine Automobilabteilung wurde den Webereiwerken erst 1933 angegliedert. Zunächst konzentrierte man sich auf schlichte Nutzfahrzeuge. Im Jahr 1937 wurde die Toyota Motor Co. gegründet, jetzt mit »t«, und man begann in Kariya City mit dem Bau der ersten Personenwagen, rechtschaffene Sechszylinder, die sehr einfühlsam vorgegebene oder abgeguckte westliche Autos ins Japanische transponierten. Nach dem Zweiten Weltkrieg expandierte Toyota vehement, neben Personenwagen auch mit Lastwagen und Bussen. Das Design der Karosserien folgte eher der hausbackenen, biederen Linie. Desto mehr mußte es Aufsehen erregen, als 1965 auf der 12. Tokyo Motor Show das Modell 2000 GT vorgestellt wurde, eine Blechschönheit fernöstlicher Provenienz. Die Karosserie setzte sicherlich keine neuen Maßstäbe im Blechdesign; aber sie war auf jeden Fall ein »Hingucker«. Die Kundigen entdeckten sehr bald die Quellen, aus denen die Toyota-Designer geschöpft hatten: der Jaguar E und der Opel GT. Der nur 113 Zentimeter hohe Wagen war im Profil äußerst ansehnlich. Gelobt wurde auch das Fahrzeug-Innere – kaum eine stilistische Entgleisung. Das Chassis war dem des Lotus Elan nachempfunden: ein Kastenrahmen mit einer Front- und einer Heckgabelung. Die Einzelradaufhängung umfaßte vorn und hinten Trapez-Dreieckquerlenker und Schraubenfedern, und alle Räder wurden mit Sumitomo-Scheibenbremsen verzögert. Als Antrieb diente der 2-Liter-Sechszylinder aus dem Typ Crown, jedoch mit zwei obenliegenden Nockenwellen und 150 PS Leistung.

Über ein vollsynchronisiertes Fünfgang-Getriebe wurden enorme Beschleunigungen und eine Höchstgeschwindigkeit von circa 220 Stundenkilometern erreicht. Neben der zivilen Version gab es eine Rennsportausführung mit 200 PS. Mit einem 2000 GT wurden im Oktober 1966 auf einer Hochgeschwindigkeitsstrecke 3 Welt- und 13 internationale Rekorde aufgestellt.

Toyota baute von 1965 bis 1970 genau 335 Exemplare

Der Toyota 2000 GT von 1966 – die Karosserie des nur 113 Zentimeter hohen Fastback-Coupés zeigt deutlich europäischen Einfluß.

vom 2000 GT. Als James-Bond-Auto kamen die eigens für die Filmaufnahmen gebauten zwei Cabrios zu kurzzeitigem Leinwandruhm. Im Jahr 1970 wurde die Produktion des attraktiven sportlichen Coupés aus Japan eingestellt. Die Fertigung in individueller Handarbeit war zu teuer geworden.

159

Triumph
Britische Klassik – britischer geht´s nicht

Wenn man den Markennamen »Triumph« hört, kommen einem zunächst schnelle Motorräder aus Coventry in den Sinn – und genau da liegen auch die Wurzeln dieser klassischen britischen Autos. Der Deutsche Siegfried Bettmann aus Nürnberg kam 1863 in England an, mit einem »Laufrad« im Gepäck. Moritz Johann Schulte, ein Landsmann, importierte um die Jahrhundertwende ein Wolfmüller-Motorrad aus Deutschland. 1903 wurden die beiden deutschen Zweiradpioniere zu Geschäftspartnern und gründeten die Motorradfirma Triumph. Ihre Maschinen waren robust und zuverlässig und wurden vor allem für britische Meldefahrer im Ersten Weltkrieg eingesetzt. Erst 1923 baute Triumph sein erstes Auto, das 1,4-Liter-Modell 10/20, das ein Jahr später vom 13/30 (1900 ccm) abgelöst wurde. In dieses Modell flossen die Erfahrungen aus 22 Jahren Motorradbau ein: Wichtig sind vor allem gute Bremsen! So war der 13/30 das erste britische Auto mit hydraulischen Außenbackenbremsen der amerikanischen Firma Lockheed. Mit dem Modell »Scorpion«, einem eleganten Sechszylinder mit

Deckelvorderteil zur zweiten Windschutzscheibe wurde und auf diese Weise die Schwiegermama vor den Unbilden des Wetters schützte. Um das Einsteigen in die Notsitze zu erleichtern, waren auf den hinteren Kotflügeln kleine Trittbleche montiert.

Als nach dem Zweiten Weltkrieg die ersten Triumph Roadsters auf deutschen Straßen rollten, wurden sie vorwiegend von hochnäsigen Offizieren der Britischen Rheinarmee chauffiert. So hatten wir uns immer englische Autos vorgestellt: Die Sitze rochen streng nach gutem Leder, viel Edelholz im Armaturenbrett und in den Türrahmen war innen zu besichtigen, und die Reifen schmatzten satt über die damals noch schlechten bizonalen Straßen.

Für die Historiker: der Triumph Acclaim von 1984 glich der japanischen Honda-Limousine Ballade bis aufs Haar. Diese viertürige Limousine war das letzte Modell, das den Markennamen Triumph trug.

Triumph 1800 Roadster von 1946 (links und oben); auffallend: sein »Schwiegermutter-Sitz«. Unten: der Triumph Stag von 1976.

nur 1200 Kubikzentimetern Hubraum wagte man sich ins gediegenere Marktsegment, und auch auf dem sportlich Sektor konnte man, vor allem in Australien, Fuß fassen, und zwar mit den 1934ern Sporttourenwagen Southern Cross und Gloria.

Tatsache aber war, daß es um die Solvenz der Firma Ende der dreißiger Jahre nicht zum besten stand. Die Krise schleppte sich bis 1944 hin, bevor die Standard Motor Company in die Bresche sprang und Triumph rettete. Der erste Triumph-Nachkriegswagen war typisch britisch, britischer ging's nicht: Im Triumph Roadster von 1946 feierte der oft belächelte, verpönte und doch so praktische »Schwiegermutter-Sitz« im Heck ein glanzvolles Comeback. Der zweiteilige Kofferraumdeckel enthüllte zwei Notsitze, wobei das

161

Tucker
Das Future-Auto eines Fantasten

Das war vor vierzig Jahren in Amerika noch möglich: Da baut ein Mann nur fünfzig geradezu futuristische, aber fahrtüchtige Autos, doch keiner will sie kaufen. Er wird wegen Bilanzfälschung angeklagt, stirbt 1956 in Brasilien an Krebs, gerät vollkommen in Vergessenheit und wird 1988 zum Helden des Francis-Ford-Coppola-Films »Tucker. Der Mann und sein Traum«. Er hieß Preston Tucker. Er war ein mit allen Wassern gewaschener Ingenieur, hatte eng mit Harry Miller, dem »Vergaser-Guru«, zusammengearbeitet und im Zweiten Weltkrieg in seiner kleinen Fabrik Geschütztürme für Panzer gebaut.

Nach dem Krieg konnte er endlich seinen Traum verwirklichen: Ein Auto zu bauen, wie es davor noch keines gegeben hatte, »ein Auto von heute für morgen«. Der Vertrauensvorschuß seitens der US-Automobilindustrie und der Regierung war enorm. Als Konstrukteur wie als Organisator gleichermaßen begabt, stellte Tucker 20 Millionen Dollar Kapital auf die Beine. Im Jahr 1948 konnten die Aktionäre das fertige Auto sehen, bei dem allerdings nicht alle Blütenträume in Erfüllung gegangen waren, aber immerhin: Der Tucker Torpedo war vom Entwurf her seiner Zeit um zehn Jahre voraus; besonders in punkto Sicherheit – ein bis dahin im Automobilbau unbekannter Begriff. So fliegt zum Beispiel die Windschutzscheibe bei einem Aufprall aus dem Rahmen.

Auffälligstes Merkmal des Tucker: ein Zyklopenauge über dem Frontgrill, das sich mit der Lenkung dreht. Der Kühlergrill ist, sehr zur Verblüffung der Tankwarte, nur Attrappe, denn der 6-Zylinder-Boxermotor sitzt im Heck – für amerikanische Verhältnisse schier unbegreiflich. Das Triebwerk der Marke Franklin mit 5,5 Litern Hubraum und 168 PS brachte das Zukunftsauto auf eine Höchstgeschwindigkeit von rund 200 Stundenkilometer. Für das Design der Karosserie hatte Preston den ehemaligen Karosserie-Schneider von Auburn-Cord-Duesenberg, Alex Tremulis, verpflichtet. Dessen Ideen waren bestechend und konnten dennoch die amerikanischen Autokäufer nicht begeistern: Die Türen waren ins Dach hochgezogen, kein aufprallförderndes Armaturenbrett, rechts eine Art »Schutzkeller« für den Beifahrer. Die erstmals vorgesehenen »Sicherheitsgurte«, eher doch wohl »Bauchgurte«, wurden mehr belächelt als ernstgenommen. Bei den ersten ausgiebigen Testfahrten kam dann noch eine Reihe von Macken zum Vorschein: die Gummifedern sackten ein, die kriminell schlechten Lenkeigenschaften konnten durch Verlegen des Tanks nach vorn gebändigt werden. Als etwa fünfzig Torpedos das ehemalige Flugzeugwerk in Dodge, Chicago, verlassen hatten, wurde Preston Tucker angeklagt, die Bilanzen gefälscht zu haben, um so ein Darlehen von 30 Millionen Dollar zu ermöglichen. Er wurde zwar freigesprochen, aber die Produktion seines ganz persönlichen Traumwagens konnte er nicht mehr weiterführen.

Der Tucker aus dem Jahre 1948

TVR
Sturm und Drang aus Blackpool

Vornehmlich auf der britischen Insel gibt es Sportwagenfirmen, die durchaus zutreffend als »Überlebenskünstler« bezeichnet werden können. Sie füllen mit ihren Kleinst-Serien Marktlücken, für die sich die etablierten Anbieter, wie Jaguar, Aston Martin oder Porsche, zu schade sind. Über sie schreibt die Zeitschrift »markt«: »Wie die sprichwörtlichen Pilze schossen sie aus dem Boden, die kleinen englischen Firmen, die in den fünfziger und sechziger Jahren den Markt mit zum Teil abenteuerlichen Westentaschen-Sportwagen überschwemmten. Heute sind ihre Namen längst Schall und Rauch – bis auf wenige Fabrikate, die der Zeit trotzen konnten und deren Eigner unverdrossen weiterproduzieren. Wie TVR aus dem Seebad Blackpool.«

Von 1948 an lautete die TVR-Philosophie vom Sportwagen: wenig Gewicht, viel Sturm, viel Drang, Perfektion ist nicht gefragt. Die englische Firma TVR wurde 1948 von Wilkinson Trevor – daher TVR – gegründet und bewegte sich mehr schlecht als recht bis 1958 auf einer hauchdünnen finanziellen Basis. Sie lebte vor allem von ihrem Angebot an Bausätzen. Ohne den amerikanischen Markt wäre sehr bald das Aus für die Firma gekommen. Ab 1958, nun mit neuen Geldgebern, konnte endlich mit einer regulären Produktion begonnen werden. Die Typenbezeichnungen klangen exotisch: Jomar, Grantura, Griffith, Trident Tuscan, Vixen usw. Motoren wurden auf dem freien Markt nach dem »Schnäppchen-Prinzip« angekauft, und so klingt die Triebwerks-Palette wie ein »Who is who« der britischen Motorenbauer: Coventry-Climax, Ford Anglia, Ford Cortina, MG A, MG B, Ford V8, Triumph, Rover …

TVR kam erst 1981 aus dem stressigen Kampf um die nackte Existenz heraus, als der damals 38jährige Ölmillionär Peter Wheeler die kleine, anämische Sportwagenfirma kaufte. Er wollte endlich seinen Traum verwirklichen, mit etwa 300 Mitarbeitern Sportwagen exakt nach seinen Vorstellungen zu bauen. Nun hat er seine Traumsportwagen, wie den Griffith 500. »auto, motor & sport« ist er ein Lob wert:

»Herzhaftes Gasgeben setzt er derart unverschämt in Vortrieb um, daß große Teile der Sportwagen-Aristrokratie, von Ferrari bis Porsche, reichlich blaß aussehen.« Getriebe und Basistriebwerk stammen vom Land-Rover Discovery, dessen 3,9-Liter-V8-Motor von TVR hubraumvergrößert, mit einer kräftigeren Kurbelwelle ausgerüstet und professionell getunt wurde. So kommen 320 PS Leistung zustande, die den Kraftprotz, wie bei TVR üblich mit Kunststoffkarosserie, 270 Stundenkilometer schnell werden lassen. Ältere TVR-Sportwagen sind heute begehrte »Classic cars«.

TVR Chimaera von 1992 (oben) und der TVR Tuscan von 1969

Veritas
Aus Resten auferstanden

Von dieser deutschen Sportwagenmarke werden viele junge Motorsportfreunde noch nie gehört haben. Doch symbolisiert sie eine aufregende und spannende Nachkriegsphase der eigentlich noch gar nicht existierenden deutschen Automobilindustrie. Denn nach Kriegsende glaubte nur eine Handvoll unverbesserlicher Optimisten, daß die deutsche Automobilindustrie noch einmal Weltgeltung erreichen könnte. Auch einige BMW-Ingenieure und Konstrukteure gehörten zu dieser kleinen Gruppe.
Im Jahr 1947 versammelte sich im kleinen Dörfchen Hausen am Andelsbach ein Trüppchen rennsportbegeisterter Männer, die mit Billigung der französischen Besatzungsmacht in einer früheren Maschinenfabrik aus alten Autoteilen neue und für die damalige Zeit schnelle Wagen bauen wollten. Die Gründung der »Arbeitsgemeinschaft Veritas« am 1. März 1947 ging auf die Initiative des ehemaligen BMW-Entwicklungsingenieurs Ernst Loof zurück. Er hatte vor dem Krieg zahlreiche Rennen auf Imperia-Motorrädern gefahren und als Rennleiter von BMW fungiert. Basis-Aggregat aller Anstrengungen war der Motor des Vorkriegstyps BMW 328.

Der Rennfahrer Karl Kling erinnert sich: »Die waren irgendwo vergraben gewesen.« Nach zahlreichen Versuchen fühlte man sich stark genug, eine bescheidene Produktion starten zu können und gründete am 1. März 1948 die Veritas GmbH im badischen Meßkirch. Loof brachte die BMW-Motoren von 80 auf 100 PS. Mit seinen zwei obenliegenden Nockenwellen war der ursprüngliche BMW-Motor nicht wiederzuerkennen. Ein stählerner Doppelrohrrahmen bildete die Grundlage für das Gitterrohrskelett. Beides zusammen wog nur 36 Kilogramm. Ein weiteres Plus war die windschlüpfrig gestaltete Leichtmetallhaut – alles in allem gute Voraussetzungen für ein hervorragendes Leistungsgewicht. So war eine Höchstgeschwindigkeit von 200 Stundenkilometern erreichbar. Dann trat eine voraussehbare Notsituation ein: Die Vorräte an umzubauenden BMW-Motoren gingen zu Ende. Veritas machte aus der Not eine Tugend: Außer Wettbewerbswagen wollte man nun auch Fahrzeuge für den normalen, zivilen Alltagsverkehr produzieren.
In Muggensturm bei Rastatt bezog man neue Fertigungsanlagen, und jetzt kam ein neuer Name ins Spiel, der Gutes verhieß: Ernst Heinkel, ehemaliger Flugzeugbauer. Er entwickelte auf der Basis des 328-Sechszylinders ein neues Triebwerk mit 100 PS Leistung. Die Firma traute sich was zu: Auf dem Programm standen ein Cabrio, ein Coupé und ein Sportwagen sowie ein 150 PS starker Rennsportwagen mit Namen Meteor. Veritas-Sport- und Rennsportwagen waren Stammgäste bei den ersten deutschen Nachkriegsrennen auf dem Hockenheim- oder dem Grenzlandring. Das traurige Ende, wie für viele andere Nachkriegspioniere auch, kam für Veritas im Jahr 1953. Bis dahin waren rund 100 Exemplare gebaut worden.

Der Veritas Scorpion-2-Liter-Sportwagen von 1950 (oben); Meteor hieß der Rennwagen von Veritas, angetrieben wird das Modell aus dem Jahre 1950 von einem 6-Zylinder-Motor.

164

Volvo
Aus Vernunft geboren

Volvo stammt aus dem Lateinischen und heißt auf deutsch »ich rolle«. Der Name verweist direkt auf die Ursprünge, denn es war die schwedische Kugellagerfabrik SFK, die den beiden Volvo-Gründern Assar Gabrielsson und Gustaf Larson das Startkapital zur Verfügung stellte. Schon 1924 hatten die beiden unternehmerisch denkenden Schweden den Bau eines Automobils beschossen, aber der Weg bis zu dem ersten Prototyp war mühsam. Ein offener Tourenwagen war 1925 fahrfertig, aber es fehlte an Kapital, um mit der Produktion beginnen zu können. So bauten sie zehn Prototypen, die sie dem Management von SFK präsentierten. Die Kugellager-Spezialisten waren von den Autos derart angetan, daß sie eine Partnerschaft vorschlugen. Im Jahr 1926 kam es zur Vertragsunterzeichnung, aus dem die »Aktiebolaget VOLVO« hervorging. SFK brachte übrigens auch das Markenzeichen ein, das ursprünglich für die Kugellager gedacht war. Der Ring mit dem nach rechts oben weisenden Pfeil ist das alte schwedische Zeichen für Eisen. Es soll die Stabilität der Volvo-Autos verdeutlichen – außerdem ist es das international anerkannte Männlichkeitssymbol. In der Geschichte von Volvo haben zwei Modelle unauslöschliche Spuren hinterlassen: der PV 444 »Buckel« von 1957 und der P 1800 von 1960. Die Karosserie des letzteren entstammte einem Entwurf des italienischen Designers Frua aus dem Jahr 1957 und war von der Anmutung her bereits ein bißchen überholt. Gerühmt wurden die schon damals für alle Volvo-Autos typischen zahlreichen Sicherheitsmerkmale, wie außergewöhnlich stabile Passagierzellen mit Überschlag- und Flankenschutz, serienmäßige Dreipunktgurte, Gürtelreifen, Verbundglas-Frontscheiben und vieles mehr. Bei Volvo machte man sich über die stilistische Weiterentwicklung des einzigen Sportwagens viele Gedanken.

165

VOLVO

Eine völlige Neuentwicklung kam schon aus Kostengründen nicht in Frage.
So entstand eine eigenwillige Variante des unverändert weitergebauten 1800 E, der P 1800 ES, später auch in Deutschland liebevoll von Märchen- und Volvofreunden »Schneewittchensarg« genannt. Das Dach war bis zum Heck verlängert und versah letzteres mit einer großen, gläsernen Klappe. So ergab sich eine ungestörte, optimale Einsicht ins Innere des Coupés – geradezu diebstahlfreundlich.

VOLVO

Der wuchtige Unterbau und die stattlich bereiften 15-Zoll-Räder ergaben zusammen mit den niedrigen Seitenscheiben und dem langgezogenen Dach die elegante, gestreckte Silhouette eines schnellen Kombis, ohne daß der Eindruck eines reinen Nutzfahrzeugs aufkam. In Amerika nennt man solche Wagen »Sportswagon«, sehr beliebt bei Golfern, Anglern, Camping-Freunden und vielköpfigen Familien. Der »Schneewittchensarg« zählt heute zu den exotischsten »Classic Cars«.

»Schneewittchensarg« wurde er liebevoll genannt, der Volvo P 1800 ES von 1971 (Seiten 165 und 166); oben: ein Volvo PV 444 von 1955

167

Der Traum von Freiheit

Rund vierhundertsechzig Millionen Autos rollen derzeit über die Straßen der Welt, und jedes Jahr werden es sechsunddreißig Millionen mehr. Das von Otto-, Diesel- und Wankelmotoren angetriebene Automobil hat in seiner mehr als 110jährigen Geschichte die Welt grundlegend verändert. Obwohl viele Konstrukteure schon vorher mit »Gas«-, also Verbrennungsmotoren herumgebastelt hatten, gebührt den Herren Gottlieb Daimler und Karl

Gottlieb Daimler

Nikolaus August Otto

Benz die Ehre, daß ihre Autos mit Otto-Motoren 1886 als erste wirklich fuhren.
Nikolaus Ottos Motor, ein Viertakter, lief 1876 nach langen, schwierigen Forschungs- und Entwicklungsarbeiten in der Gasmotorenfabrik Deutz zum ersten Mal. Es war Gottlieb Daimler, so eine Art Betriebsdirektor, der ihn dabei unterstützte und seinen Freund Wilhelm Maybach als Techniker aus dem Schwäbischen mitgebracht hatte. Hier am Rhein waren drei Männer zusammengekommen, die mit ihrer Arbeit eine neue Epoche in der Industrialisierung einläuten sollten.
Wegen betriebsinterner Querelen brachen Daimler und Maybach 1881 jedoch ihre Zelte ab und siedelten nach Cannstatt bei Stuttgart über. In einem Gartenhaus der

Wilhelm Maybach

Daimler´schen Villa entwickelte und baute Wilhelm Maybach den ersten schnellaufenden Benzinmotor. Dieses Motörchen arbeitete 1883 zum ersten Mal; es leistete 0,5 PS bei 450 bis 900 Umdrehungen pro Minute. Am 16. Dezember 1883 erhielt Daimler das Deutsche Reichspatent Nr. 28022 für dieses winzige Aggregat.

Die Geburtsstunde des Automobils

Und was war mit Karl Benz? Heutzutage gilt das Namensgespann Daimler-Benz als etwas Selbstverständliches, als Symbol für Leistungskraft der deutschen Industrie schlechthin. Aber das Absurde ist, daß sich Daimler und Benz, obwohl nur 130 Kilometer voneinander entfernt lebend (Benz in Mannheim), nie getroffen haben! Benz war, wie Daimler, ein »studierter« Techniker. Im Jahr 1877 beschäftigte er sich zunächst mit dem Zweitaktmotor. Er wollte sich auf diese Weise aus dem Patentdschungel rund um Nikolaus Ottos Erfindung heraushalten. Aus der einschlägigen Fachliteratur kannte Benz den Zweitaktmotor des Briten Dugald Clerk von 1876. Er ließ seinen Zweitakter zunächst als stationäre Maschine patentieren. Als aber das Patent 532, das den Otto-Motor schützte, für nichtig erklärt wurde, konstruierte der Mannheimer schnell einen 0,8 PS starken Viertakter. Für den Fahrzeugantrieb wählte er solch einen Motor, weil der »erheblich unkomplizierter als die damaligen Zweitakter war, mindestens doppelt so schnell lief und entsprechend leichter wurde«.
Anfang bis Mitte der achtziger Jahre des 19. Jahrhunderts gab es also ein Kopf-an-Kopf-Rennen der schwäbischen Tüftler Daimler, Maybach und Benz. Sie wußten alle von den Entwicklungen und Fortschritten des anderen, aber es ergab sich nie ein Erfahrungsaustausch. Hinzu kam, daß Daimler und Benz verschiedene Auffassungen von der Zukunft des Autobaus hatten. Daimler schwebte eine vollkommene Motorisierung des Verkehrs vor. Er wollte Einbaumotoren für

Karl Benz

alle möglichen Fahrzeuge zu Lande und auf dem Wasser bauen – also eine vielgefächerte Mobilität in allen Bereichen des Lebens ermöglichen. Benz hingegen vertrat das Prinzip, daß Motor und Karosserie schon vom Entwurf her eine Einheit bil-

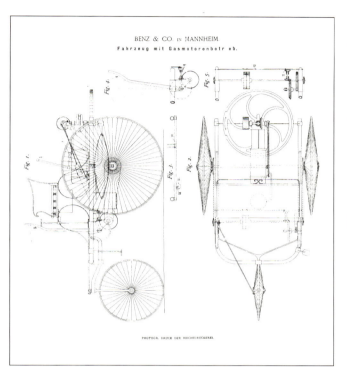

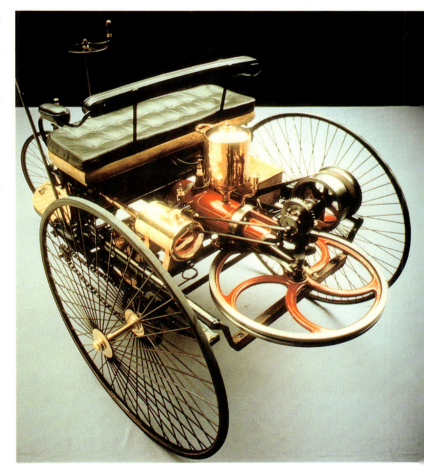

den sollten. Mit seinem Benz-Patent-Motorwagen von 1886 (Patent Nr. 37435) hatte er ein »Auto« auf die drei Räder gestellt, das seine revolutionäre Idee einer neuen Art verwirklichte. Er verzichtete auf Äußerlichkeiten und paßte statt dessen Chassis, Lenkung, Motoraufhängungen, Kraftübertragung und Federung den neuen Aufgaben an. Gottlieb Daimler legte bei seiner »Motorkutsche« von 1886 vor allem Wert auf einen zuverlässigen, leichten und leistungsstarken Motor und benutzte einen hölzernen Kutschwagen dazu, die ausgesprochen vielseitige Verwendbarkeit des von Wilhelm Maybach entwickelten Motors zu demonstrieren. Die ersten öffentlichen Ausfahrten mit Benz´ und Daimlers Fahrzeugen erregten Aufsehen. Am 3. Juli 1886 knatterte und fauchte Benz über die Mannheimer Ringstraße. Der 1-Zylinder-Motor des Patent-Motorwagens hatte einen Hubraum von 984 Kubikzentimetern und leistete 0,9 PS. Maybach kutschierte den »Daimler« wenige Wochen später über das Gartengelände der Versuchswerkstätte, von neugierigen Passanten bestaunt. Auch die Motorkutsche wurde von einem 1-Zylinder-Motor mit einem Hubraum von 462 Kubikzentimetern und einer Leistung von 1,1 PS angetrieben.

Benzsche Patentzeichnung; erste Daimlerkutsche 1886; Benz Patent-Motorwagen 1886

Pferd, Dampfmaschine und Ottomotor

War nun das Jahr 1886 mit diesen beiden »Autos« auch eine Wendemarke in der Geschichte der Frachtlogistik? Die industrielle Revolution war längst im Gange; es gab bereits Automobile, also

Englische Straßenlokomotive

»Selbstbeweger«. Aber es waren dampfangetriebene Fahrzeuge, die den Transport von Gütern aller Art ermöglichten. Vor allem in England wurde die Technik des Dampfantriebs perfektioniert. Es begann mit der Erfindung der Dampfmaschine durch James Watt (1769), setzte sich fort mit der ersten Eisenbahn der Welt von George Stephenson (1827 von Stockton nach Darlington) und gipfelte in monströsen Straßenlokomotiven, die wie stählerne Dinosaurier über Großbritanniens Straßen fauchten und zischten und schwerste Transporte ermöglichten. Die Landwirtschaft profitierte ebenfalls vom Dampfantrieb, in Form von Dampfpflügen und stationären Aggregaten, die wiederum Dreschmaschinen und Sägen in Sägewerken antrieben. Während der faszinierenden Dampfmaschinen-Ära waren über 5000 »automobile« Dampfmaschinen in britischen Mühlen, Fabriken und in der Landwirtschaft in Betrieb, dagegen nur etwa 200 in Frankreich und 100 in Preußen.

Und dann gab es da noch den sogenannten »treuesten und nützlichsten Helfer des Menschen«, das Pferd als Zugtier. Von Zeitzeugen zwar nostalgisch verklärt, brachten die Arbeitspferde doch eine Menge an Problemen: So türmten sich in Londons Straßen die Pferdeäpfel zu Haufen, und Hektoliter von stechend stinkendem Pferde-Urin ergossen sich in die Kanalisation. Pferdewagen mit stahlbeschlagenen Rädern richteten auf den unbefestigten Landstraßen große Schäden an; und selbst Reisen über kurze Distanzen waren nicht ohne Pferdewechsel zu bewältigen. So war es nur logisch, daß das Pferd in der Aufbruchphase des Industriezeitalters seine Rolle als Transporthelfer mehr und mehr einbüßte.

Auch die große Zeit des Dampfantriebs ging Ende des vorigen Jahrhunderts in Großbritannien zu Ende. Das Mitführen von schwerem Treibstoff (Kohle) und die Notwendigkeit, häufig Wasser nachfüllen zu müssen, waren schwerwiegende Nachteile. Es waren letzten Endes physikalische Gründe, die dem Dampfantrieb ein Ende setzten: der niedrige Wirkungsgrad und die große Eigenmasse der Fahrzeuge. Angesichts dieser Erkenntnisse könnte man folgern, daß die Entwicklungen der Herren Benz, Daimler und Maybach in die Richtung gegangen wären, auf dem Transportsektor mitzumischen. Weit gefehlt, keiner von ihnen hat in einem gesamtwirtschaftlichen Zusammenhang gedacht.

Frankreich: Schrittmacher der Motorisierung

Auf der Pariser Weltausstellung von 1889 präsentierten sie zwar neue Fahrzeuge – Benz die Viktoria, Daimler den Stahlradwagen –, aber nur Daimler konnte mit seinem Auto und seinen Motoren Interesse wecken. Hier kam ihm eine Frau zu Hilfe, deren Rolle in der Geschichte der industriellen Fertigung des Automobils von kaum einem Chronisten gewürdigt wird: Louise Sarazin, Witwe des verstorbenen Generalvertreters von Daimler in Frankreich. Daimler faßte Vertrauen zu der energischen Dame und forderte sie auf, die Arbeit ihres Mannes fortzusetzen. Sie verstand nicht nur viel vom Aushandeln von Lizenzverträgen, sondern erkannte auch sehr bald, daß das – wenn auch geniale – Herumtüfteln in Cannstatt endlich in eine professionelle industrielle Fertigung des Autos münden müßte. Ihre Partner waren die Herren René Panhard, Emile Levassor und Armand Peugeot.

Vor allem die Firma Panhard & Levassor ging energisch ans Werk. Sie erklärte kategorisch: beim Auto der Zukunft gehört der Motor nach vorn, nicht wie bei Benz und Daimler ins Heck, und zwar unter einen Blechkasten – die spätere Motorhaube. Das Getriebe werde in der Fahrzeugmitte installiert und es würde Hinterradantrieb geben, per Riemen vor allem. Die Brüder Marcel, Fernand und Louis Renault gingen noch einen Schritt weiter. Sie bauten ihre Autos ab 1898 gleich mit Kardanantrieb. Von Motoren der Marke DeDion und Aster wurden ihre Wägelchen in Bewegung gesetzt. Damit hatten die Franzosen dem modernen Automobil, zum Teil mit Motoren des deutschen »Erbfeindes«, die endgültige Grundform gegeben.

Wilhelm Maybach hatte schon 1893 eine fundamentale Innovation beigesteuert, den Spritzdüsenvergaser. Er löste damit grundsätzlich das Problem der Kraftstoffaufbereitung bei leichtflüchtigen Stoffen. Auf der Vernebelung des Kraftstoffs mit Hilfe der Düse beruht heute noch fast jeder Vergaser. Allein diese technische Entwicklungsarbeit sichert Maybach einen Platz in der Ruhmeshalle der Autopioniere.

Benz Viktoria 1893

Daimler Stahlradwagen 1889

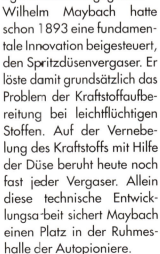
Louise Sarazin, Daimler-Repräsentantin in Frankreich

Panhârd & Levassor 1893

Die Welt steigt ein

Der Siegeszug des Automobils war auch jenseits der deutschen und französischen Grenzen nicht aufzuhalten. Ohne großes Aufsehen hatten 1892 in den USA Charles und Frank Duryea das erste amerikanische Auto gebaut. In England war es ein später berühmter Konstrukteur, Herbert Austin, der für die Firma Wolseley, Produzent von Schafschermaschinen, das erste britische Auto baute.

Wenn man die heutige Autobesessenheit der Italiener registriert, so möchte man meinen, daß sie schon sehr früh mit dem Bau von Automobilen begannen. Es gab zwar 1894 einen Bernardi mit Verbrennungsmotor und auch andere kleine Firmen mit klangvollen Namen wie Michele, Miari & Giusti, Prinetti & Stucchi, die mehr versprachen als sie hielten. Aber erst durch die Gründung von FIAT (Fabbrica Italiana Automobili Torino) im Jahr 1899 hatte sich Italien in die Evolution des Autos eingeklinkt. Fiat baute im selben Jahr sein erstes Auto, das auf einem Prototyp der Firma Ceirano basierte. Es war ein 1-Zylinder mit einem Hubraum von 679 Kubikzentimetern und leistete 3,5 PS. Das Getriebe hatte 3 Vorwärtsgänge. Auf einen Rückwärtsgang verzichtete man. Der Wagen sei so leicht, schäkerte man in Turin, daß

man ihn notfalls auch durch Heben um- und zurücksetzen könne ...

Im letzten Jahrzehnt des 19. Jahrhunderts wagten sich Benz und Daimler schon an die ersten Nutzfahrzeug-Konzepte. So lieferten die Mannheimer 1895 den ersten Benz-Omnibus für den Betrieb in der Umgebung von Siegen. Daimler nahm 1898 mit einem Lastwagen vom Typ »5000 kg/10 PS« an einem Autokorso im Pariser Bois de Boulogne teil und hatte ein Jahr zuvor die Motor-Wagen-Kutscherei in Stuttgart gegründet, das erste Taxiunternehmen der Welt. Motorlieferungen gingen an Feuerwehren und Betreiber lenkbarer Luftballons. Nach England lieferte die Firma Daimler 1899 20sitzige Omnibusse. Im selben Jahr nimmt sich Wilhelm Maybach eines der

letzten Schwachpunkte in seinem Motorkonzept an: der immer noch ungenügenden Kühlung. Die Lösungsversuche waren bis dahin oft eigenwillig gewesen. So hatte man beispielsweise beim Daimler-Stahlwagenmodell von 1898 den hohlen Rahmen des Fahrzeugs mit in das Wasserkühlsystem einbezogen. Erst der sogenannte »Bienenwaben-Kühler« im Modell Phoenix von 1900 löste das Kühlproblem zufriedenstellend. Es handelte sich hier um die Weiterentwicklung des Röhrenkühlers: Es gab jetzt Vierkantröhrchen (statt runder Röhrchen) mit einem größerem Durchgangsquerschnitt für die Luftströmung und einem engerem für das Kühlwasser. So konnte das Wasser schneller fließen, es wurde stärker vom Fahrtwind umströmt, was eine Verminderung der mitzuführenden Kühlwassermenge ermöglichte.

Die Ära Mercedes war gleichzeitig die Krönung der Maybachschen Arbeit für die Firma Daimler.

Emil Jellinek, Daimler-Repräsentant an der französischen Riviera, wollte endlich bei den zahllosen Bergrennen an der Côte d'Azur mitmischer können. Es müsse ein Wagen mit tieferer Schwerpunktlage und vergrößertem Radstand, aber auch mit noch höherer Leistung her. Auf diese Weise entstand in nur zehnmonatiger Entwicklungsarbeit ein neuer Rennwagen, ein 35-PS-Typ, nach Jellineks Tochter »Mercedes« genannt. Die Rennen vom 25. bis zum 29. März 1901 in Nizza zeigten dann in eindringlicher Weise die Überlegenheit des 35-PS-Mercedes´. Die gesamte Grundkonzeption des Wagens erwies sich in punkto Baufestigkeit, Fahrleistung, Straßenlage, Lenkung, Radführung und Sitzbequemlichkeit als so ausgezeichnet abgestimmt, daß man sie als die bis dahin beste Autokonstruktion überhaupt bezeichnete.

Durch die großen Rennerfolge des Jahres 1901 führte sich die Bezeichnung »Mercedes« so eindringlich und rasch ein, daß sie bald als allgemeine Bezeichnung für alle Daimler-Wagen galt. 1902 wurde der Name »Mercedes« als Wortmarke gesetzlich geschützt.

Mit dem Mercedes, so Ferdinand Porsche, sei das Automobil, so wie wir es heute kennen, in seiner Grundform fertig gewesen. Aber es war immer noch ein Spielzeug für eine kleine Elite und für clevere, oft geniale Tüftler – ein Luxusgut, dem man immer noch mit großer Vorsicht begegnete. Im Jahr 1900 wurden weltweit nur 9500 Autos gebaut. Der Anteil von Elektroautos betrug in den USA immerhin 38 Prozent, und zum offiziellen Fuhrpark des Weißen Hauses in Washington gehörte ein protziges Dampfauto der Marke Stanley.

Benz Bus 1895 (ober. links); darunter: Mercedes 1903 mit Wabenkühler; Mercedes 1901 (oben)

Tolle wilde Autojahre

Die Zeit bis zum Ersten Weltkrieg muß für autobegeisterte Abenteurer, Konstrukteure und Tüftler ein Schlaraffenland gewesen sein. Es gab keine technischen Tabus. Vor allem in Europa wurde hemmungslos experimentiert, es gab Motoren mit Zylindern so groß wie Milchkannen, Langstreckenrennen über staubige, öffentliche Straßen, kaum Verkehrsregulierungen – und jede Menge Spaß. Die Amerikaner ließen sich von der Autohektik der Alten Welt anstecken. Als dem Autopionier Ransom E. Olds im Jahr 1901 die Fabrikanlagen abbrannten, in denen er den Curved-Dash Runabout bauen wollte, kam ihm eine geniale Idee: Um die Produktion dieses ersten »Massenautos« schnell aufnehmen zu können, kaufte er viele Komponenten bei externen Zulieferern. Das war eine ganz neue Produktionsstrategie, die auch Cadillac übernahm.

Henry Ford verheddterte sich jahrelang in nervenaufreibenden Patentstreitigkeiten, bevor er 1908 sein legendäres Modell T (»Tin Lizzie«) auf die Fließbänder legte. Allerdings war diese fortschrittliche Fertigungsmethode nicht seine Idee, wie oft fälschlicherweise behauptet wird. Er hatte sie in Chicagos Schlachthöfen kennengelernt, wo die Schweine- und Kälberhälften an Fleischhaken an den Tranchierern vorbeizogen. Fords Idee war es, Amerika auf Räder zu setzen, denn weite Teile des riesigen Kontinents waren verkehrsmäßig noch nicht erschlossen. Bereits 1914 rollten

300 000 »Tin Lizzies« aus den Werkshallen, ein Jahr später waren es schon 500 000. Während dieses robuste Primitiv-Auto allmählich den Wilden Westen eroberte, lockte ab 1911 das Backstein-Oval von Indianapolis jährlich Hunderttausende zu den »Indianapolis 500 Miles«. In Amerika war schon im ersten Jahrzehnt unseres Jahrhunderts die Welt des Autos um einige Dimensionen größer als bei uns in Europa.

Technische Schmankerl

Aber die technische Feinarbeit am Automobil fand in der Alten Welt statt. Vom Maßstäbe setzenden Mercedes war schon die Rede. Von einem französischen Ingenieursteam ließ sich die Firma Benz den Typ Parsifal bauen, als erstes deutsches Auto mit Kardanantrieb. Ein anderes technisches Schmankerl war der Mixte der österreichischen Firma Lohner. Der junge Ferdinand Porsche hatte nach dem »Radnaben-Prinzip« für Lohner ein Hybrid-Auto mit gemischtem Antrieb gebaut: Die Vorderräder wurden einzeln von einem Elektromotor angetrieben, dessen Strom via Generator von einem Benzinmotor erzeugt wurde.

Ford Modell T 1910 (oben links); Benz Parsifal 1903 (ganz links); daneben: Lohner/Porsche „Mixte" 1901; Blitzen Benz 1910 (oben); Rolls-Royce Silver Ghost 1907 (links)

Im Luxuswagen-Segment begann Rolls-Royce 1907 mit dem Silver Ghost eine bis heute ungebrochene Firmengeschichte. Der junge Ettore Bugatti verdiente sich seine ersten Sporen als Konstrukteur bei Deutz in Köln, Prinz Heinrich von Preußen erfand den Scheibenwischer, die Mehrventiltechnik war – als Beispiel – in Rennwagen von Mercedes und Peugeot der letzte Schrei, die Gordon-Bennett-, Herkomer- und Prinz-Heinrich-Fahrten wurden zu Vorgängern der heutigen Rallyes, Benz baute den legendären »Blitzen-Benz«, einen Rennwagen mit für die damalige Zeit futuristischem Aussehen. Ein Hubraum von 21 504 Kubikzentimeter war auf nur vier Zylinder verteilt. Der Motorgigant leistete 200 PS.

Zu einer motorsportlichen Delikatesse entwickelten sich die Grand Prix des ACF, des Automobil Clubs de France. Die Franzosen wurmte es, daß der amerikanische Zeitungsverleger Gordon Bennett mit seinem Gordon-Bennett-Cup ausgerechnet in Europa dermaßen erfolgreich war. Und dann die Deutschen mit ihrem »Kaiserpreis-Rennen«! Also war es eine geradezu nationale Aufgabe, mit einer spektakulären Veranstaltung gegenzusteuern. Der erste GP des ACF wurde 1906 gestartet, über eine Distanz von 103,18 Kilometer, während beim letzten Vorkriegs-

GP am 4. Juli 1914 schon 753 Kilometer zurückzulegen waren. Mercedes konnte einen triumphalen Sieg davontragen: Auf den Plätzen eins bis drei landeten Renner aus Untertürkheim. Das Motormanagement der Vierzylinder war vom feinsten: Die Mercedes-Maschine hatte als erste vier Ventile und drei Zündkerzen pro Zylinder und leistete bei 4,5 Litern Hubraum 118 PS.

Zeitzeugen berichten, daß beim GP von Lyon die Stimmung unter den 300 000 Zuschauern »nationalistisch

aufgeheizt« war. Diesseits und jenseits des Rheins wurde vier Wochen vor Ausbruch des Ersten Weltkriegs längst mit den Säbeln gerasselt.
So makaber es klingen mag: im Krieg bestanden das Automobil und seine Technik die große Bewährungsprobe. Es transportierte Truppen, Munition, Verwundete. Starke Motoren trieben Panzer und Flugzeuge an. Ein amerikanischer Historiker merkte an, in diesem »hochmechanisierten Krieg« habe man aus erster Hand erfahren können, wozu das Automobil in der Lage sei und daß es einer glänzenden Zukunft entgegen gehe ...
So profitierte die Technik der Kompressormotoren in den zwanziger Jahren von den Erfahrungen, die im Ersten Weltkrieg mit aufgeladenen Flugzeugmotoren gemacht wurden. Mit dieser Technik wollte man den Leistungsverlust ausgleichen, der beim Flug in großer Höhe durch die dünner werdende Ansaugluft entstand. Paul Daimler war auf diesem Gebiet einer der Pioniere.

Blitzen Benz 1910, Motor (oben links); Mercedes-Rennwagen 1908 GP von Frankreich (unten links). Drei Mercedes nach Rückkehr aus Lyon 1914 (oben); GP von Frankreich 1914, Sieger Lautenschläger auf Mercedes; drei Mercedes, GP von Frankreich von 1908 (unten rechts).

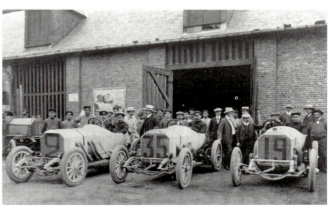

The Roaring Twenties

Die zwanziger Jahre müssen ein Paradies für Autofahrer gewesen sein. Es gab noch genug Platz auf den Straßen, und Hunderte von Autoproduzenten diesseits und jenseits des Atlantiks buhlten um die Gunst reicher wie bescheidener Autokäufer gleichermaßen.

In den USA waren es Marken wie Duesenberg, Pierce-Arrow, Packard, Lincoln, Stutz, Cadillac und Chrysler, die die Richtung bestimmten. Dutzende von Karosseriebauern fertigten Blechkleider nach Maß; und mit weniger als acht Zylindern hatten amerikanische Autos bei den oberen Zehntausend keine Chance.

Auch auf dem Gebiet der Technik geriet vieles in Bewegung. Schon 1919 bot Hispano-Suiza für seinen Typ H6 eine servounterstützte Vierrad-Bremsanlage an, und Duesenberg rüstete sein Modell A mit einem Achtzylinder-Reihenmotor und hydraulischer Vierradbremse aus.

Selbst in Europa erholte sich die Automobilindustrie schnell von den Kriegsfolgen. Eine Reihe von Flugzeugkonstrukteuren versuchte sich nun als Autobauer, wie Voisin und Farman in Frankreich. In Deutschland waren es Paul Jaray und Edmund Rumpler, die mit Stromlinienkarosserien experimentierten. Ettore Bugatti baute schöne, filigrane Renn- und Sportwagen im elsässischen Molsheim, und Ferdinand Porsche ging 1923 als technischer Direktor zu Daimler, wo er die Kompressortechnik zu höchster Reife brachte, vor allem in der Typenreihe Mercedes-Benz S, SS und SSK (Daimler und Benz hatten 1926 fusioniert).

Die Luxusautos wurden immer schöner, protziger und bizarrer. Der Lack der Karosserien korrespondierte oft mit der Haarfarbe der Besitzerin. Am glücklichsten waren die Eigner, wenn der Sound ihres Kompressors dem der Jazztrompete von Louis Armstrong glich.

*Hispano-Suiza H6, 1919 (oben links);
darunter: fünf Bugatti 35 beim GP von Frankreich 1924;
Bugatti Royale 1929 (oben);
Benz Tropfenwagen 1923 (links);
die deutsche Rennfahrerin Ernes Merck in ihrem
Mercedes-Benz S 1928*

Enzo Ferrari führte als »graue Eminenz« Alfa Romeo von Sieg zu Sieg, die deutschstämmigen August und Fred Duesenberg bauten atemberaubend elegante Autos für die Schönen Hollywoods, Erret Lobban Cord, dem neben Duesenberg auch noch die Marke Auburn gehörte, stellte 1929 das erste frontgetriebene amerikanische Auto vor, den L 29.
Aber auch auf der Ebene der vierrädrigen »Arbeitstiere« ging es vital zu. Das erste Auto, das von einem Dieselmotor angetrieben wurde, war ein Mercedes-Laster. Er fuhr am 23. August 1923 von Berlin nach Fankfurt/Oder.

Enzo Ferrari mit den Alfa-Fahrern (v.l.): Tazio Nuvolari, Luigi Arcangeli, Eugenio Sienna 1931. Unten: Duesenberg SSJ, 1931; Mercedes-Benz S von 1927 (oben rechts) und darunter: ein Isotta Fraschini Tipo 8 von 1930

Good bye »Tin Lizzie«!

Ein produktionstechnisches Meisterstück gelang Henry Ford. Mitte der zwanziger Jahre faßte er den Entschluß, das Modell T auslaufen zu lassen. 1927 schloß er für ein halbes Jahr seine Fabriken, um die Produktionsanlagen auf das neue Modell A umzustellen. Vom T waren bis dahin weltweit über 16 Millionen Exemplare gebaut worden. Sein Lebensziel hatte er schon erreicht: Amerika und die Welt auf Räder zu setzen und das Auto, einst Spielzeug des reichen Mannes, zu demokratisieren. John Steinbeck gab in seinem Roman »Straße der Ölsardinen« folgendes zu bedenken: »Man müßte einmal eine Abhandlung über den sittlichen und ästhetischen Einfluß des Ford T schreiben. Zwei US-Generationen wußten über Fords Zündstift mehr als über die Klitoris, mehr über die Gangschaltung als über den Planeten ... Die meisten Babys jener dahingehenden Epoche wurden im Modell Ford T gezeugt und nicht wenige davon in ihm geboren.«

Die glanzvollen zwanziger Jahre hatten aber auch eine Schattenseite. Hunderte von Automobilfirmen, die nach dem Krieg voller Euphorie gegründet wurden, waren längst schon wieder vom Markt verschwunden. Die Große Depression Anfang der dreißiger Jahre setzte den Ausleseprozeß fort. In Deutschland konnte sich Opel unter dem Dach der amerikanischen Mutter, General Motors, einigermaßen sicher fühlen, die Marken Audi, DKW, Horch und Wanderer hatten sich zur Auto Union zusammengeschlossen, und Mercedes-Benz wurde unter den Nationalsozialisten so eine Art staatstragende Automobilfirma mit überaus potenten und formschönen Personenwagen, wie dem Modell 500K. Autos wie aus Richard-Wagner-Opern.
Und unter dem Mercedes-Stern kam 1936 auch der erste Diesel-Personenwagen der Welt heraus.

Der Wagen des Volkes entsteht

Es war ebenfalls in Stuttgart, wo Ferdinand Porsche noch vor dem Zweiten Weltkrieg die ersten Prototypen des von ihm entworfenen Volkswagens baute.
Zunächst einmal kam der Volkswagen im Zweiten Weltkrieg zu zweifelhaften Ehren – und zwar in stark modifizierter Form als Kübelwagen Typ 82. Er erlangte vor allem im Afrikakorps von Feldmarschall Rommel Berühmtheit.

1940 wurde Porsche beauftragt, dem ausgesprochen erfolgreichen Kübelwagen das Schwimmen beizubringen. So entstand der Schwimmwagen Typ 166, der voll gelände- und schwimmtauglich war. Beide Modelle sind heute bei Oldtimer-Fans begehrte Sammlerstücke.
Das amerikanische Gegenstück zu Porsches Kübelwagen war der Jeep. Vom US-War Office in Auftrag gegeben, hat er im Zweiten Weltkrieg entscheidend zum Sieg der Alliierten beigetragen. Er war nach dem Krieg der Ausgangspunkt für die Entwicklung von leichten, vierradgetriebenen Militär- und später Freizeitfahrzeugen in aller Welt.

Mercedes-Benz 500 K 1935 (oben links); darunter: Ford A, 1929. Volkswagen 30 (Vorserie) 1936/37. Volkswagen/Kübelwagen 1940 und Volkswagen/Schwimmwagen 1942. Jeep 1941

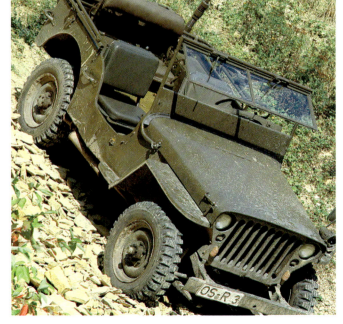

Neues Leben aus Ruinen

In der Zeit unmittelbar nach dem Ende des Zweiten Weltkriegs boten vor allem deutsche Autofabriken einen trostlosen Anblick. Am stärksten hatten das Volkswagen-Werk in Wolfsburg und Mercedes-Benz in Stuttgart unter den Bombenangriffen gelitten. Doch diese beiden Firmen nahmen das Wirtschaftswunder vorweg: Das unter englischer Verwaltung stehende Volkswagenwerk montierte aus Restbeständen bis Jahresende 1945 539 Kübelwagen und 754 »Käfer«. In Untertürkheim verließ bereits im Mai 1946 der erste Nachkriegs-Mercedes-Benz die provisorische Fertigungshalle. Es war ein 170V, der auf einem Vorkriegsmodell basierte.

Die aus den USA herüberschwappende Ponton-Karosserie-Mode wurde in Deutschland nur zaghaft übernommen, wie 1955 beim Mercedes-Benz-Typ 180, und auch die Heckflossen-Orgien der amerikanischen Autos am Ende der fünfziger Jahre ging nicht spurlos an der Modellstrategie der Stuttgarter vorüber, wie man 1959 beim Typ 220b sehen konnte. Allerdings wurden die Heckflossen in Untertürkheim zweckbetont als »Peilstege« bezeichnet. Beim Wiedereinstieg in den Motorsport im Jahr 1952 fährt Mercedes-Benz mit seinen Sportwagen der internationalen Elite auf und davon. Es war der 300 SL, dem diese Siegesserie in der formellosen Zeit gelang. Er verhalf auch der Benzineinspritzung zum Durchbruch. Als sportliche Konkurrenz entwickelte sich eine kleine, aber feine Firma aus dem Stuttgarter Stadtteil Zuffenhausen: Porsche. Mit ihrem Typ 356, dessen erstes Exemplar Gründonnerstag

Mercedes-Benz-Werke nach Fliegerangriff vom 5.09.1944

Mercedes-Benz 300 SL bei der Carrera Panamericana 1952 mit Karl Kling (r.) und Hans Klenk, den späteren Siegern.

1950 fertig geworden war, begannen eine beispiellose Modellpolitik und eine sportliche Erfolgsserie, die bis heute andauern. Diesseits und jenseits des Atlantiks wird das Auto mehr und mehr zum Lebensmittelpunkt der Menschen. »Des Deutschen liebstes Kind« – so lautet bald die psychologische Standortbestimmung des bundesdeutschen Käufers. Kein Wunder: bombastische »Amischlitten« à la Cadillac Fleetwood einerseits und italienische Blechkreationen von Pininfarina, Bertone, Vignale andererseits – um nur einige zu nennen – weckten die Begehrlichkeit. Autokauf hatte längst mehr mit Emotionen als mit Ratio zu tun. So konnte sich Felix Wankel mit seiner genialen Idee vom Drehkolbenmotor letzten Endes nicht durchsetzen, trotz erfolgversprechender Versuche bei NSU (mit dem RO 80), bei Mercedes-Benz (mit dem C 111) und immer noch bei Mazda. Es wäre aber ungerecht, der Automobilindustrie vorzuwerfen, sie beharre auf überholten technischen Konzepten und wehre sich gegen das Neue. Es gab und gibt eine Reihe von faszinierenden Innovationen und Weiterentwicklungen, die technische Effizienz, Sicherheit und Komfort der Automobile entscheidend verbessert haben. Hier einige Beispiele:

1955 kommen in Deutschland erstmals schlauchlose Autoreifen auf. 1956 löst bei einigen Modellen (Citroën, Triumph, Jensen) die Scheibenbremse die bisher übliche Trommelbremse ab. 1974 bringt Porsche als serienmäßige Ausstattung die Turboaufladung in ihren Sportwagen 911 (Typ 930). 1984 kommt unter der Bezeichnung ABS (Antiblockiersystem) eine elektronisch geregelte und hydraulisch gesteuerte Kfz-Bremsanlage auf den Markt, deren Sinn es ist, jegliches Blockieren der Räder beim Betätigen des Bremspedals – auch bei Vollbremsung auf Glatteis – zu verhindern.

1985 erscheinen bei europäischen und japanischen Autos die ersten Bordcomputer, die die Fahrer über die Befindlichkeit ihres Autos informieren. Im selben Jahr kommen in Europa die ersten Personenwagen mit Abgaskatalysatoren auf den Markt. In den USA waren sie bereits seit vielen Jahren bekannt.

Ferdinand Porsche vor einem der ersten Porsche 356, 1950 (oben); Porsche 911 Turbo, 1975.

Mit dem Auto in die Zukunft

Im Jahr 2010 werden laut einer Shell-Studie über 50 Millionen Autos über deutsche Straßen rollen, 13 Millionen mehr als heute. Geht das Auto also an sich selbst kaputt? Sicher nicht, wenn es noch sparsamer, sicherer und noch umweltschonender wird. Der ADAC befragte 1995 anläßlich der »Auto Mobil International« in Leipzig 2500 Besucher, was das Auto für sie bedeute. Erlaubt waren mehrere Antworten, jedoch nach persönlicher Priorität. Hier sind die wichtigsten Ergebnisse:
Die Freiheit, jederzeit mobil sein zu können, nannten 94 Prozent der Befragten als wichtigstes Motiv, ein Auto zu besitzen. Erleichterungen im beruflichen wie im privaten Leben gaben 88 Prozent als Kaufgrund an, und 86 Prozent der befragten Messebesucher begründeten ihre Entscheidung für ein Automobil in erster Linie mit dem persönlichen Bedürfnis nach mehr Lebensqualität durch ein erweitertes soziales Umfeld. Der englische Journalist Max Pemberton hat schon 1905 vorausgeahnt, was das Auto eines Tages für den Menschen bedeuten könne: »Ich bin von jedermann unabhängig. Der Wagen überwindet alle Entfernungen für mich. Heute abend soll er mich in einen sicheren Hafen tragen, wo junge Männer und Mädchen durch die Dämmerung lachen. Diese Freiheit ist mein Feiertag.«

*Sieht es so aus –
das Auto der Zukunft?
Chrysler Concept Car 1996*

1886 - 1904: Die Ära der Veteranen

1886

Benz konstruiert das erste funktionstüchtige benzinbetriebene Dreiradfahrzeug mit einem Zylinder und einer Geschwindigkeitsstufe; Antrieb über Riemen.

1886

Daimler baut das erste vierrädrige Benzinfahrzeug mit schnellaufendem Einzylindermotor, zwei Geschwindigkeiten und Antrieb über Riemen und Zahnräder.

1888

Frau Berta Benz legt die erste längere Strecke mit einem Motorfahrzeug zurück (200 km).

1889

Daimler bringt einen Zweizylindermotor und ein Viergang-Schubradgetriebe heraus. Panhard und Levassor erwerben die Lizenz für die Herstellung von Daimler-Motoren.

1890

Es entstehen die ersten Fahrzeuge von Peugeot und Panhard-Levassor, beide mit Daimler-Motoren.

1892

Panhard-Levassor stellt das erste Automobil mit vorneliegendem Motor vor. Wilhelm Maybach von der Firma Daimler entwickelt den Düsenvergaser, bei dem durch einen Schwimmer der Benzinstand stets gleich ist.

1893

Benz stellt das erste vierrädrige Fahrzeug vor: Viktoria.

1894

Panhard-Levassor und Peugeot gewinnen auf der Strecke Paris-Rouen bei der ersten Automobilwettfahrt der Welt gemeinsam den ersten Preis. Panhard führt das Schieberadgetriebe ein. Frank und Charles Duryea gründen in Peoria, Illinois, das erste amerikanische Unternehmen zur Herstellung von Automobilen.

1895

Emile Levassor gewinnt in einem Panhard-Levassor, der von einem 1,2-Liter-Daimler-Zweizylinder-Reihenmotor vom Typ Phénix angetrieben wird und dessen Getriebe von einem Gehäuse umgeben ist, das erste Automobilrennen der Welt, das von Paris nach Bordeaux und zurück über knapp 1200 Kilometer führt. Die Gebrüder Michelin verwenden erstmals Luftreifen an einem Auto.

1896

De Dion-Bouton bringt luftgekühlte Einzylindermotoren mit einer Drehzahl von 1500/min. und einer Leistung von 1 PS aufwärts auf den Markt, die in leichte zwei-, drei- und vierrädrige Fahrzeuge eingebaut werden können. Daimler baut den ersten Vierzylindermotor für Panhard-Levassor. In Coventry wird die British Daimler Motor Company gegründet. Ford baut sein erstes Versuchsfahrzeug.

1897

F.W. Lanchester stellt das erste benzinbetriebene Automobil mit einem Zweigang-Planetengetriebe und einem auf die Antriebsachse wirkenden Wellen-Endantrieb her. Mors aus Paris produziert einen mit Luft und Wasser gekühlten V4-Motor, dessen Zylinderreihen im Winkel von 45 Grad zueinander stehen. Er verfügt über eine Niederspannungs-Spulenzündung und eine Lichtmaschine.
Gräf und Stift in Wien bauen unter Verwendung eines De-Dion-Motors das erste Auto mit Frontantrieb. Benz stellt den Zweizylinder-Boxermotor Kontra mit 5 PS vor.

1898

Louis Renault baut als Prototyp einen Kleinwagen mit vorn eingebautem De-Dion-Motor, direkt übersetztem höchstem Gang und Endantrieb über eine Kardanwelle.

1899

Der in Deutschland gebaute Daimler Phoenix mit Vierzylindermotor verfügt über einen Wabenkühler, Preßstahlrahmen und eine Kulissenschaltung.

1900

Zusätzlich zu Öl- und Kerosinlampen kommen Azetylen- (respektive Karbid-) Lampen auf.

1901

Daimlers erstes Fahrzeug des Typ Mercedes verfügt über einen Motor, dessen Drehzahl über die Drosselklappe geregelt wird, einen verbesserten Wabenkühler, zwei seitlich liegende Nockenwellen zur Steuerung der Ein- und Auslaßventile sowie Kulissenschaltung. Das erste amerikanische Fahrzeug, das in großer Stückzahl hergestellt wird, ist der Typ Curved Dash von Oldsmobile.

1902

Bosch führt die Hochspannungs-Magnetzündung ein. C.G.V. aus Paris baut den ersten Achtzylinder-Reihenmotor (zwei aneinandergefügte Vierzylinder) mit einem einstufigen Getriebe. Trufault aus Paris führt den Reibungsstoßdämpfer ein. F.W. Lanchester aus Großbritannien läßt sich die Scheibenbremse patentieren. Maudslay in Großbritannien bringt einen Motor mit einer einzelnen obenliegenden Nockenwelle und Druckschmierung auf den Markt.

1903

Ader aus Paris baut einen Wagen mit Achtzylinder-V-Motor.

1904

Napier aus Großbritannien bringt den ersten erfolgreichen Sechszylinderwagen auf den Markt. Sturtevant aus Boston, USA, entwickelt das erste Automobil mit Dreigang-Automatikgetriebe.
Bei den französischen Fahrzeugen der Marke Motobloc und den amerikanischen Fahrzeugen der Marke Stevens-Duryea sind Motor und Getriebe in einer Einheit zu-

sammengefaßt. Die Firma Riley aus dem britischen Coventry führt Speichenräder mit Nabenverriegelung ein. Schrader stellt das Nadelventil für Luftschläuche vor.

1905 - 1918: Die Jahre des Übergangs

1905

Moseley aus Großbritannien stellt abnehmbare Felgen zur Erleichterung des Reifenwechsels her. Dem französischen Unternehmen Renault wird ein hydraulischer Stoßdämpfer patentiert. Pipe aus Belgien stellt einen Motor mit zwei hochliegenden Nockenwellen her, bei dem die obenliegenden Ventile geneigt eingebaut sind. Der erste Rolls-Royce mit einem Zweizylinder-Reihenmotor von 10 PS kommt auf den Markt.

1906

Versuchsweise werden an einem Mercedes Vorderradbremsen eingebaut. Michelin führt den aufsteckbaren Luftdruckprüfer ein. Die Firma Rudge-Whitworth bringt ihr abnehmbares Speichenrad (mit Schnellverschluß) auf den Markt.

1907

Rolls-Royce geht mit der Vorstellung des 40/50-Sechszylinderwagens Silver Ghost dazu über, nur jeweils ein Modell herzustellen. Die Firma Chadwick aus Pittsburgh in den Vereinigten Staaten stellt einen Sportwagen mit aufgeladenem Motor vor.

1908

Ford stellt sein Modell T vor. Delco in den Vereinigten Staaten führt erstmals eine Zündanlage ein, die mit Zündspule und Verteiler arbeitet. Schebler aus den Vereinigten Staaten stellt den ersten Zwölfzylinder-V-Motor vor. Wagenheizung durch Nutzung der Abgaswärme (USA). Zusammenschluß verschiedener Firmen zu General Motors, USA, dem ersten Automobil-Giganten der Welt.

1909

Aquila-Italiana führt bei Sportwagen Aluminiumkolben ein. Bei Isotta-Fraschini werden Vorderradbremsen serienmäßig eingebaut. Christie aus den Vereinigten Staaten stellt ein Taxi mit vorne quer eingebautem Motor und Vorderradantrieb sowie Einzelaufhängung der Vorderräder her (dieselbe Bauweise, die sich später beim britischen Mini wiederfindet). Blériot in Frankreich führt die erste Abblendeinrichtung für Karbidlampen ein.

1910

Amédée Bollée d.J. läßt sich Hydraulikstößel patentieren.

1911

De Dion bringt ein Automobil mit Achtzylinder-V-Motor auf den Markt. Delahaye bringt ein Automobil mit Sechszylinder-V-Motor auf den Markt.

1912

Das amerikanische Unternehmen Cadillac liefert serienmäßig Spulenzündung, elektrischen Anlasser und elektrische Beleuchtungsanlage. Hupmobile und Oakland (USA) stellen Ganzstahlkarosserien her.

1913

Der (später als Lord Nuffield geadelte) William Morris bringt den Morris Oxford auf den Markt, mit einem Motor und anderen wichtigen Bauteilen aus eigener Produktion. Reo aus den Vereinigten Staaten verlegt den Schalthebel zwischen die Vordersitze. Lagonda aus Großbritannien baut selbsttragende Karosserien. In den Vereinigten Staaten werden seilzugbetätigte Richtungsanzeiger eingeführt.

1914

Loughead aus den Vereinigten Staaten (später Lockheed) entwickelt eine hydraulische Bremsanlage (»Öldruckbremse«). In Frankreich und den Vereinigten Staaten werden einstellbare Fahrersitze angeboten.

1915

Cadillac bringt den ersten in Serie hergestellten amerikanischen Achtzylinder-V-Motor auf den Markt. Packard aus den Vereinigten Staaten bringt das erste in größerer Stückzahl hergestellte Automobil mit Zwölfzylinder-V-Motor, den Twin-Six, auf den Markt. In den Vereinigten Staaten werden abblendbare Scheinwerfer und unterdruckbetätigte Scheibenwisch-Anlagen eingeführt.

1916

In den Vereinigten Staaten werden Bremsleuchten eingeführt.

1917

Am spanischen Automobil Diaz-y-Grillo werden erstmals Torsionsstäbe für die Aufhängung verwendet.

1919 - 1930: Die Ära der Klassiker

1919

Hispano-Suiza, ein in Frankreich und Spanien beheimatetes Unternehmen, stellt als erstes mit servounterstützten Vierradbremsen ausgerüstete Fahrzeuge vor. Isotta-Fraschini aus Italien bringt das erste Fahrzeug der Welt mit einem Achtzylinder-Reihenmotor auf den Markt. Citroën aus Frankreich führt in Europa die Massenproduktion nach amerikanischem Vorbild ein.

1920

Duesenberg aus den Vereinigten Staaten baut hydraulisch betätigte Vierradbremsen ein.

1922

Der Lambda der italienischen Firma Lancia verfügt über eine selbsttragende Karosserie in Integralbauweise, Einzelaufhängung der Vorderräder mit stehenden Schraubenfedern und einen Vierzylinder-V-Motor mit kleinem Winkel zwischen den in Monobloc-Bauweise ausgeführten Zylinderreihen. Mercedes bringt den ersten europäischen Sportwagen mit aufgeladenem Motor auf den Markt.

1923
In den Vereinigten Staaten wird Pratts verbleiter »Äthyl«-Kraftstoff eingeführt, um das Verbrennungsklopfen im Motor zu verringern.

1924
Japan nimmt die Automobilproduktion mit dem luftgekühlten 10-PS-Kleinwagen Lila auf. Der vom Morris Oxford abgeleitete erste MG-Sportwagen wird in Großbritannien auf den Markt gebracht. Goodyear aus den Vereinigten Staaten führt den Niederdruck-Ballonreifen ein.

1925
Bosch bringt elektrisch betätigte Fahrtrichtungsanzeiger auf den Markt. In den Vereinigten Staaten werden Stoßstangen vorn und hinten allgemein eingeführt.

1926
Die beiden bedeutendsten deutschen Automobilfirmen, Daimler und Benz, schließen sich zur Firma Daimler-Benz AG mit der Marke Mercedes-Benz zusammen.

1927
Nach 19 Produktionsjahren ersetzt Ford USA das Modell T durch das Modell A. Das größte fabrikmäßig hergestellte und für den Verkehr auf der Straße bestimmte Automobil der Welt, der Bugatti Royal, mit einem 12,8-

Liter-Motor, einem Radstand von 4,32 Metern und einem Gewicht von nahezu 2300 Kilogramm, wird angekündigt. Die Firma Tracta aus Frankreich bringt einen Sportwagen mit Vorderradantrieb und einem Motor von 1100 ccm auf den Markt.

1928
Hersteller in den Vereinigten Staaten gehen weithin dazu über, Blankteile nicht mehr aus Nickel zu fertigen, sondern zu verchromen. Cadillac baut Synchrongetriebe ein. In Großbritannien wird ein neuer Kleinwagen angekündigt, der Morris Minor, dessen Motor über eine obenliegende Nockenwelle verfügt.

1929
In den Vereinigten Staaten werden als Sonderwunsch Autoradios angeboten.

1930
Rasch auswechselbare, dünnwandige Schalen für Motorlager werden von der Firma Cleveland Graphite in den USA entwickelt. Cadillac aus den Vereinigten Staaten stellt den ersten in größerer Stückzahl gefertigten Wagen mit V16-Motor vor. Daimler aus Großbritannien baut eine hydraulische Kupplung und ein Planetengetriebe ein.

1932 - heute: Das moderne Auto

1932
Gründung der Auto-Union.

1933
Die deutsche Reifenfirma Metzler stellt brauchbare Autoreifen aus dem neuen synthetischen Kautschuk »Buna« anstelle von Naturgummi vor.

1934
Die Großglockner-Hochalpenstraße wird nach vierjähriger Bauzeit eingeweiht. Mercedes-Benz und Auto-Union bauen neu konzipierte Rennwagen für den Grand-Prix-Sport.

1935
Einführung der selbsttragenden Karosserie im Personenwagen-Großserienbau (Opel Olympia). Die ersten VW-Prototypen werden gebaut.

1936
Der Fiat 500, kleinster Personenwagen der Welt, geht in den Großserienbau. Erster Diesel-PKW der Welt (Mercedes-Benz).

1938
Grundsteinlegung für das Volkswagen-Werk in Wolfsburg.

1939
Chrysler macht im Autobau den ersten Schritt in Richtung automatisches Getriebe mit dem sogenannten Fluid-Drive System.

1940
Produktionsbeginn des Jeep in den USA.

1945
Die ersten Volkswagen werden in Wolfsburg zusammengebaut.

1946
Der italienische Fahrzeughersteller Piaggio stellt den Prototyp des Motorrollers (Vespa) vor.

1947
Die britische Firma Rover stellt ein vierradgetriebenes Geländefahrzeug vor, das nur wenig größer als ein Personenwagen ist, den Landrover.

1948
Die erste »Ente«, der Citroën 2CV, wird gebaut. In Großbritannien wird das erste Auto mit Gasturbinenantrieb produziert.

1949
Mercedes-Benz stellt seine erste Nachkriegs-Entwicklung vor, den Typ Mercedes-Benz S.

1952
Einführung der Benzineinspritzung bei Sport- und Rennwagen, z.B. beim Mercedes-Benz 300 SL.

1953
Kleinst-Autos beleben den Automarkt, zum Beispiel der »Leukoplast Bomber« Lloyd LS 300.

1954
Fiat entwickelt den ersten Turbinenwagen auf dem europäischen Kontinent.

1955
In der Bundesrepublik werden erstmals schlauchlose Reifen montiert.

1956
Bei einigen Autos (Citroën, Triumph, Jensen) löst die Scheibenbremse die Trommelbremse ab.

1957
Felix Wankel stellt der Fachwelt den ersten Drehkolbenmotor vor.

1959
Die Produktion des Mini wird aufgenommen. Erste Serienlimousine (Mercedes-Benz 180) nach dem »Knautschzonen«-Patent von Béla Barényi.

1964
Erster Personenwagen der Welt mit Wankelmotor (NSU Spider).

1967
Zweischeiben-Wankelmotor im NSU RO 80. Die Benzineinspritzung wird optimiert (VW verwendet die sogenannte D-Jetronic).

1972
VW überrundet stückzahlmäßig die Produktion des Ford-T-Modells.

1974
Porsche stellt den 911 Turbo (Typ 930) vor, den ersten Seriensportwagen der Welt mit Turboaufladung. Mercedes-Benz und andere Mitkonkurrenten nehmen die Entwicklung von Elektroautos auf. Die erste Ölkrise war der Impuls für diese Reaktion der Autoindustrie.

1977
Der neue Gotthard-Straßentunnel, der längste der Welt, wird in Betrieb genommen.

1985
ABS (Antiblockiersystem) wird von Bosch vorgestellt. Nach siebenjähriger Bauzeit geht im Daimler-Benz-Werk in Berlin-Marienfelde der modernste Fahrzeugsimulator der Welt in Betrieb.
In Europa kommen die ersten Autos mit Abgaskatalysatoren auf den Markt.

1996
Der Fiat Palio ist das erste Weltauto aus Italien. Konzept, Technik und Produktionsformen sollen Vorbild werden für Fiat-Fabriken auf vier Kontinenten.

1996
Renault bietet ein Flüssiggas-Auto an, als Alternative zum Elektrofahrzeug. Die Fahrzeuge werden mit zwei Tanks ausgestattet, einer für Benzin und einer für das GPL genannte Flüssiggas.

Bildnachweis
Cover-Vorderseite: Frank Widmann Fotodesign;
-Rückseite: BMW AG, Reinhard Lintelmann (2), Automobile Quarterly
Innenteil: Alfa Romeo Deutschland (1); Aston Martin (1); Automobile Quarterly (1); Autowelt (2);
Auto Zeitung: (131); Bentley Europe (4); BMW AG (8); Neill Bruce (9);
Centro di Documentazione Storica Alfa Romeo (1); Chrysler Deutschland (1);
Daimler-Benz AG (29); Deutsches Museum München (1); dpa-Archiv (1);
Ferrari Deutschland (2); focalpoint, Norwich (1); Ford AG (1); General Motors Europe (1);
Jaguar Deutschland (2); Lamborghini Europe (1); Eberhard Lintelmann (22);
Lotus Europe (1); Mercksches Familienarchiv (1); Motorpresse International (1);
National Motor Museum Beaulieu, England (2); NSU (1); Porsche AG (9);
Rolls-Royce Europe (6); Ingo Seiff (99); Ulrich Sonntag (2); Michael Specht (2);
Volkswagen AG (3); Zerha (1)

Jeder Autor weiß, daß solch ein Buch ohne die Mithilfe von außen nicht zu produzieren wäre.
Daher ist es mir ein Vergnügen, mich bei allen Fotografen, Bildagenturen, Bildlieferanten und
Presseabteilungen der Autofirmen herzlich zu bedanken.
Ein besonders herzliches »Vergelt´s Gott!« gilt Reinhard Lintelmann und meinem
österreichischen Kollegen Hans-Karl Lange, die mit guten Tips und Informationen hilfreich waren.
Toll fand ich auch, daß die Firma Müller & Hensel in Hachenburg
einige bildschöne Cadillacs eigens für mich aus den Remisen rollte,
damit ich die Kostbarkeiten fotografieren konnte.